LA VIE PRIVÉE

D'AUTREFOIS

I0099709

ARTS ET MÉTIERS
MODES, MŒURS, USAGES DES PARISIENS

DU XIIᵉ AU XVIIIᵉ SIÈCLE

D'APRÈS DES DOCUMENTS ORIGINAUX OU INÉDITS

PAR

ALFRED FRANKLIN

LA MESURE DU TEMPS

PARIS
LIBRAIRIE PLON
E. PLON, NOURRIT ET Cⁱᵉ, IMPRIMEURS-ÉDITEURS
RUE GARANCIÈRE, 10
1888

90 €

x dg

LA VIE PRIVÉE

D'AUTREFOIS

L'auteur et les éditeurs déclarent réserver leurs droits
de traduction et de reproduction à l'étranger.

Cet ouvrage a été déposé au ministère de l'intérieur
(section de la librairie) en avril 1888.

LA VIE PRIVÉE D'AUTREFOIS

VOLUMES PARUS :

PARIS. — TYP. DE E. PLON, NOURRIT ET Cie, RUE GARANCIÈRE, 8.

LA

VIE PRIVÉE D'AUTREFOIS

LA MESURE DU TEMPS

CLEPSYDRES, HORLOGES, MONTRES, PENDULES
CALENDRIER

I

Pouvoir, à chaque instant du jour et de la nuit, déterminer l'heure qu'il est, semble aujourd'hui constituer un des éléments essentiels de toute civilisation. Il est pourtant vrai que le peuple romain vécut, durant près de cinq siècles, dans une ignorance complète des procédés par lesquels on mesure le temps.

Le jour civil était alors partagé en vingt-quatre heures d'inégale durée, qui se comp-taient du milieu de la nuit au milieu de la

nuit suivante. Le jour usuel, encore moins
bien défini, avait pour limites le lever et le
coucher du soleil, et se divisait en trois parties : le matin, le midi, le soir. La seule horloge publique qui existât à Rome était représentée par l'huissier des consuls. Quand du
Sénat il apercevait le soleil entre les rostres
et la græcostaxis, il annonçait la naissance du
jour; il en signalait la dernière heure quand
l'astre était descendu entre la colonne Mænia
et la prison. Dans l'intervalle, on n'avait pour
guide que la situation du soleil sur l'horizon.
En 491 seulement, la municipalité fit établir
au forum un cadran solaire, et quatre ans
après une clepsydre indiquant les heures du
jour et de la nuit : « Tamdiu, dit Pline[1], populo
romano indiscreta lux fuit. »

En France, il fut aussi un temps où, quoique
l'on ne connût ni les pendules, ni les réveils,
ni les montres, ni les horloges, la société était
régulièrement organisée; où des heures fixes
appelaient le domestique à sa tâche, le soldat
à son poste, le prêtre à son autel, le juge à
son tribunal, l'étudiant à ses cours, l'ouvrier
à son atelier. Je ne prétends pas que l'on

---

[1] *Historia naturalis*, lib. VII, cap. LX.

s'astreignit alors à une ponctualité bien rigoureuse. Mais l'invention des instruments destinés à mesurer le temps contribua peu à déve-
lopper chez nous la pratique de l'exactitude.
Celle-ci date d'hier, de l'essor donné aux affaires
par le dix-neuvième siècle.

Au moyen âge, époque de foi naïve, la vie
civile et la vie religieuse se confondent. L'église,
en succédant à la basilique romaine, l'avait
remplacée : elle ne se bornait pas à offrir un
aliment au besoin de dévotion qui remplissait les âmes, on venait y chercher, en même
temps que le spectacle des cérémonies sacrées,
l'authenticité nécessaire aux actes privés. Le
clergé concentrait en ses mains puissantes toute
science, tout enseignement. Par ses soins,
les malades étaient secourus, les prisonniers
visités, les captifs rachetés; il recueillait les
enfants abandonnés, soulageait les pauvres,
protégeait les humbles, excommuniait parfois
le suzerain quand il outrait l'oppression. Pendant longtemps, Paris n'a guère d'autres monu-
ments que ses églises; elles se dressent de distance en distance comme un phare au milieu
des mers. Dans l'ombre de chacune d'elles vit un
petit peuple, dont elle est le patrimoine commun. Il l'admire, il en est fier, il y passe la

moitié de sa vie. Il oublie sa misère en la voyant si riche et si belle ; ses vitraux resplendissant au soleil réjouissent son cœur ; dans ses profondes douleurs, il se console en suivant de l'œil la flèche aiguë qui à tous indique le ciel. Il se presse autour de son église comme des enfants se serrent contre leur mère ; bienheureuses semblent les maisons qui l'entourent, qui la touchent, qui s'appuient sur sa lourde robe de pierre. Tout émane d'elle, tout y retourne. Elle domine et dirige tout. Les sonneries régulières de ses cloches, dont le bruit remplit les rues étroites, sombres et tortueuses, rappellent chacun à son devoir, à son travail.

Nous sommes au treizième siècle. Les cloches sonnent :

Matines, à minuit.

Laudes, à trois heures du matin.

Prime, à six heures.

Tierce, à neuf heures.

Sexte, à midi.

None, à trois heures.

Vêpres, à six heures.

Complies, à neuf heures.

C'étaient là les *heures canoniales* observées partout. Mais il y avait, en outre, dans chaque église, dans chaque couvent, d'autres offices

annoncés aussi par le son des cloches, et dont
l'heure était bien connue des habitants du
quartier. On les nomma un peu plus tard les
petites heures. Le samedi, par exemple, les
fileuses de soie cessaient leur travail en hiver
à six heures, et en été « puis que le ausmone
est sonée à Saint-Martin des Champs[1]. » Les
meuniers ne devaient pas moudre le dimanche
depuis « que li eaue benoite est faite à Saint-
Liefroy[2] dessi adont[3] que l'on sone vespres[4]. »
Cette bénédiction de l'eau est une cérémo-
nie qui précède la grand'messe. Enfin, les
crépiniers quittaient en tout temps l'atelier
quand sonnait le couvre-feu[5], « puis l'eure

[1] *Livre des métiers,* titre XXXV, art. 3.
[2] La chapelle Saint-Leufroi, située à l'entrée du Pont-au-
Change.
[3] Jusqu'à.
[4] *Livre des métiers,* titre II, art. 3.
[5] Ordinairement, les églises sonnaient le couvre-feu à sept
heures en hiver et à huit heures en été. Au treizième siècle,
la prescription d'éteindre à ce signal son feu et sa lumière
n'était plus guère observée que dans les couvents. Au quatorzième siècle, on attendait ce moment, au moins en hiver,
pour souper. En effet, Jean Bryant ou Bruyant, qui écrivait
en 1342, s'exprime ainsi dans son *Chemin de povreté :*

Adonc alèrent Soing et Cure
Tost la chandelle appareillier,
Pour jusqu'à cueuvre-feu veillier,
Car d'hiver estoit la saison

que queuvrefeu est sonez à Saint-Merri [1]. »

Relativement à la durée du travail, l'année se divisait alors en deux saisons : le *carême* ou saison des jours longs, et le *charnage* [2], ou saison des jours courts. En général, la saison de charnage commençait à la Saint-Remi (1er octobre) et finissait aux Brandons [3]. Ainsi, il était interdit aux crépiniers [4] de travailler le samedi « en charnage puis [5] que le premier

> Qu'on ne souppe pas, par raison,
> Jusqu'à tant que l'oie sonner.

Les anciennes ordonnances ordonnaient aux cabaretiers de fermer boutique après le couvre-feu sonné à Notre-Dame. Une ordonnance interprétative rendue par le Châtelet le 16 novembre 1596 décida qu'il fallait entendre ces mots ainsi : A sept heures de la Saint-Remi à Pâques, et à huit heures de Pâques à la Saint-Remi.

Au dix-huitième siècle, Notre-Dame sonnait encore à sept heures le couvre-feu du Chapitre, et la Sorbonne sonnait à neuf heures le couvre-feu de l'Université.

Sur cette coutume, voy. DUCANGE, *Glossarium*, au mot *Ignitegium*; Ét. PASQUIER, *Recherches sur la France*, t. I, p. 406; SAUVAL, *Recherches sur Paris*, t. II, p. 633; DELAMARRE, *Traité de la police*, liv. V, titre XLVI, ch. XXIII, art. 6; *Le ménagier de Paris*, t. II, p. 39.

[1] *Livre des métiers*, titre XXXVII, art. 8.

[2] Saison où les lois ecclésiastiques permettent de manger de la viande.

[3] Voy., dans le *Livre des métiers*, les statuts des fileresses de soie à grands fuseaux (titre XXXV, art. 3), et dans les *Ordonnances royales*, les statuts des tondeurs de drap (t. VII, p. 100).

[4] Ancêtres de nos passementiers.

[5] Depuis.

coup de vespres est soné à Nostre-Dame, et en quaresme puis que complies est sonée en cel mesme lieu [1], » c'est-à-dire depuis six heures en hiver et neuf heures en été.

Les statuts présentés vers 1268 au prévôt Étienne Boileau par les différentes corporations ne laissent aucun doute sur la manière dont les ouvriers connaissaient les heures.

Les lanterniers [2] déclarent que le samedi ils rentrent chez eux « puis le premier coup de vespres sonans à S. Innocent ou à la paroisse souz qui le lanternier demourra [3]. » Les cordonniers [4], les tapissiers [5], les patenôtriers [6] prennent également pour signal le premier coup de vêpres sonnant à la paroisse où est situé l'atelier. Les talemeliers [7] peuvent cuire jusqu'à ce qu'ils entendent sonner les matines [8]. Les charpentiers obéissent à l'aver-

---

[1] *Livre des métiers,* titre XXXVII, art. 8.

[2] Faiseurs de lanternes.

[3] *Livre des métiers,* titre LXVII, art. 3.

[4] *Livre des métiers,* titre LXXXIV, art. 3.

[5] Faiseurs de tapisseries. — *Livre des métiers,* titre LI, art. 5. — G. DEPPING, *Ordonnances relatives aux métiers,* p. 407.

[6] *Livre des métiers,* titre XXVII, art. 7, et titre XLIII, art. 5.

[7] Boulangers.

[8] *Livre des métiers,* titre I, art. 29.

tissement donné par le « gros saint [1] de Nostre-
Dame [2]. » Les atachiers [3] se fient à la cloche
de Saint-Merri [4], les savetonniers [5] à celle de
Sainte-Opportune [6].

On rencontre aussi quelques indications
moins précises. Les tisserands de lange [7] commencent leur travail « à l'eure de soleil levant [8], »
les foulons de Sainte-Geneviève « dès que l'on
pourra homme cognoistre en rue [9]. » Les chapeliers de feutre attendent « que la gueite ait
corné le jour [10], » et les drapiers de soie « la
guete cornant au matin [11]. » Pour comprendre
cette expression, il faut savoir que chaque

[1] La grosse cloche.
[2] *Livre des métiers,* titre XLVII, art. 1 et 6.
[3] Ils fabriquaient des clous, des boucles, des ardillons,
des ornements de fer destinés aux courroies.
[4] *Livre des métiers,* titre XXV, art. 7.
[5] Ils avaient la spécialité des chaussures en basane, et ils
n'en devaient faire aucune qui cût plus d'un espan de long.
Le mot *espan* désignait l'espace compris entre l'extrémité du
pouce et celle du petit doigt, la main étendue. La corporation des savetonniers fut de bonne heure réunie à celle des
cordonniers.
[6] *Livre des métiers,* titre LXXXV, art. 7.
[7] Fabricants de draps.
[8] *Livre des métiers,* titre L, art. 47.
[9] Statuts publiés par G. FAGNIEZ, *Études sur l'industrie,*
p. 335.
[10] *Livre des métiers,* titre XCI, art. 5.
[11] *Id.,* titre XL, art. 5.

matin, au petit jour, le cor du guet sonnait de l'une des tours du Châtelet. Ce signal, nommé *guette cornée,* rendait la liberté aux bourgeois qui avaient fait le service du guet pendant la nuit; il annonçait en même temps aux Parisiens que le jour venait de poindre, et aux ouvriers, aux servantes, qu'il était temps de se lever. Les boucliers [1] finissaient leur journée « si tost come on voit passer le segont crieur du soir [2]; » les foulons « si tost que li premiers crieurs de vin vont [3]; » et les épingliers « au premier crieur au soir [4]. » Les crieurs de vin faisaient, en effet, deux tournées par jour [5], et à heures fixes.

Mais les crieurs eux-mêmes se réglaient sur les cloches des églises. Il nous reste donc à rechercher par quels moyens les religieux arrivaient à connaître les heures.

Il n'y en eut pas d'autre, au début, que l'inspection des astres. Le moine chargé de sonner les cloches dormait le jour; pendant la nuit, il ne se couchait pas, et sortait de temps

---

[1] Ils fabriquaient des boucles, des anneaux « et toutes manières de ferreures à corroies. »

[2] *Livre des métiers,* titre XXII, art. 9.

[3] *Id.,* titre LIII, art. 11.

[4] *Id.,* titre LX, art. 1.

[5] *Id.,* titre V, art. 12.

en temps pour examiner le ciel. Je lis dans le
récit d'un miracle arrivé du vivant de saint
Hugues, qu'un religieux de Cluni « exivit ut
videret astra et cognosceret si esset hora pul-
sandi [1]. »

Quand l'horizon assombri ne laissait visible
aucune étoile, on recourait à divers procédés.
Le moine qui veillait déterminait l'heure
approximativement par le nombre des psaumes
qu'il avait récités depuis son dernier examen
du ciel, par le nombre des pages qu'il avait
lues, par la quantité de cire qu'un cierge avait
consumée, par l'huile qu'une lampe avait
brûlée [2]. Parfois, le chant du coq servait de
signal pour le lever des religieux : la règle de
Saint-Benoît ordonne que « in verni vel æstatis
tempore, a pullorum cantu nocturni inchoen-
tur [3]. »

Cette même règle, revue au septième siècle,
nous apprend que les couvents riches avaient
déjà un moyen plus sûr pour savoir l'heure.
Les deux religieux à qui était confié le soin de

---

[1] *Bibliotheca cluniacensis*, col. 448.
[2] HAEFTEN, *Disquisitiones monasticæ*, t. II, p. 699, trac-
tatus III, disquisitio I.
[3] DOM CALMET, *Commentaire sur la règle de Saint-Benoît*,
t. II, p. 126.

sonner les cloches devaient, dit le texte, jour
et nuit interroger l'horloge, « in nocte et in die
solliciti horologium conspicere[1]. » Que faut-il
entendre par ce mot *horologium?* Dans le jour,
c'était sans doute un gnomon ou cadran solaire ;
la nuit ce ne pouvait être qu'une clepsydre.
Mais qu'était-ce qu'une clepsydre?

Les clepsydres sont antérieures aux gno-
mons[2], et ceux-ci remontent cependant à la
plus haute antiquité. Isaïe raconte que Dieu
lui dit : « Je ferai retrograder de dix degrés en
arrière l'ombre descendue sur les degrés d'Achaz
par l'effet du soleil[3] ; » d'où l'on peut conclure
qu'Achaz avait construit un escalier disposé de
manière à indiquer les heures « par la marche
de son ombre[4]. » Dom Calmet, qui me fournit
ce commentaire, ajoute qu'Achaz était contem-
porain d'Homère et mourut l'an du monde
3278[5]. Les dernières informations le représen-
tent comme vivant 700 ans avant Jésus-Christ,
mais faites état que tout cela n'est pas bien sûr.

---

[1] Dom Calmet, t. II, p. 126.

[2] Voyez-en la raison dans Bailly, *Histoire de l'astronomie moderne*, t. I, p. 61.

[3] Isaïe, ch. xxxviii, v. 8.

[4] On trouve une curieuse description de l' « horloge d'Achaz » dans J. Gaffarel, *Curiositez inouies*, p. 428.

[5] *Commentaire sur la règle de Saint-Benoît*, t. I, p. 277.

Prenez un entonnoir en verre et terminé par une ouverture très-étroite, remplissez-le d'eau. Quand l'eau aura coulé pendant une heure, indiquez par une ligne tracée sur le verre le niveau auquel elle est descendue. Continuez ainsi pendant douze ou vingt-quatre heures, et vous aurez la plus élémentaire des clepsydres.

Pour l'antiquité, elle aurait été tout à fait insuffisante, et je dois exposer ici une des grandes difficultés qu'eut à vaincre l'horlogerie pendant plusieurs siècles. Les astronomes appellent jour, ou *jour artificiel*, la durée d'une révolution complète de la terre sur elle-même : le jour artificiel embrasse donc un jour naturel et la nuit consécutive. Mais le peuple ne put d'abord admettre qu'on donnât le nom de *jour* à la *nuit*, à une succession de lumière et de ténèbres, de travail et de repos pour lui. Aussi, la présence et l'absence du soleil constituant deux grandes divisions susceptibles d'être comprises par tous, on se décida à partager en douze heures le temps pendant lequel le soleil était présent; en douze heures aussi celui pendant lequel il était absent. On eut donc pour chaque *jour artificiel* vingt-quatre heures, dont la durée variait sans cesse, sauf

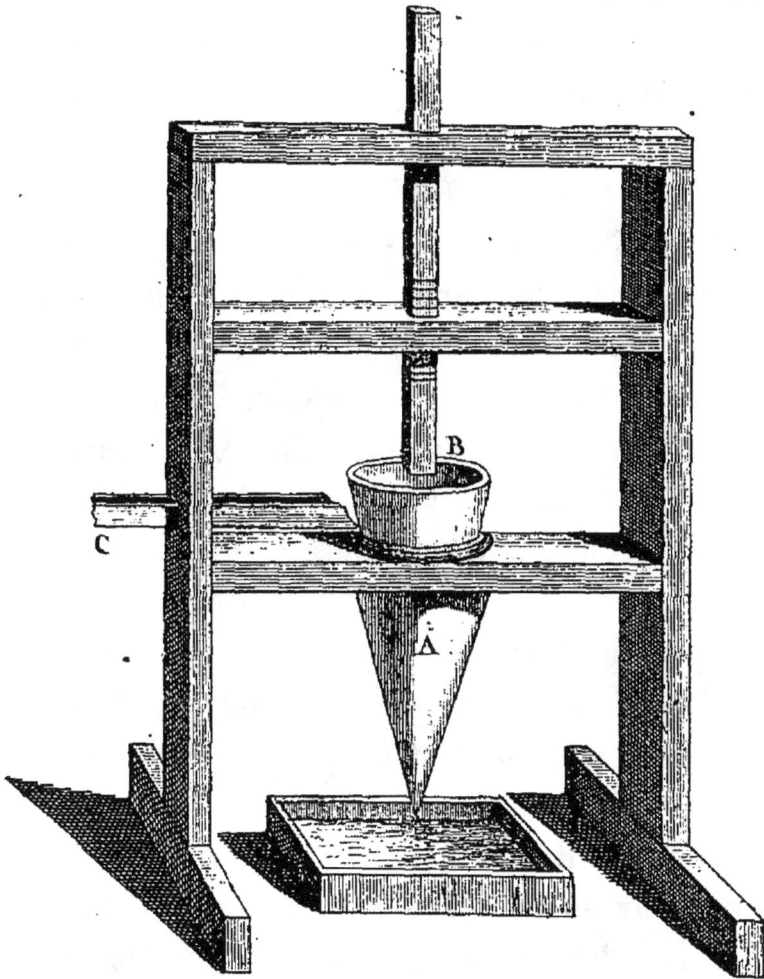

CLEPSYDRE A CÔNE.

aux équinoxes. A Alexandrie, par exemple, où
le plus long jour d'été était de quatorze heures,
chaque heure avait ce jour-là soixante-dix minutes; le plus court jour d'hiver étant de dix
heures, l'heure n'avait ce jour-là que cinquante
minutes [1].

Je reviens maintenant à la clepsydre primi-
tive. Au lieu de graduer l'entonnoir, on gradua
le vase placé au-dessous, ce qui donnait le
même résultat. On eut, en outre, un cône plein
ayant la même forme et la même dimension
que l'entonnoir, afin qu'en insérant l'un dans
l'autre ils joignissent parfaitement. L'entonnoir était combiné de manière à indiquer les
heures du plus court jour d'hiver. Lorsque les
jours grandissaient et que les heures devenaient ainsi plus longues, on introduisait le
cône solide, et suivant qu'il était plus ou moins
entré dans l'entonnoir, l'eau passait avec plus
ou moins de facilité : il fallait donc plus de
temps pour écouler la même quantité d'eau,
et dès lors les parties du jour où les heures
devenaient plus longues. Le cône solide était
porté par une règle graduée qui indiquait de

---

[1] Voy. BAILLY, *Histoire de l'astronomie moderne*, t. I,
p. 62 et suiv.

combien il devait être enfoncé ou retiré, suivant
la longueur des jours. On comprend ce qu'il
fallut d'essais, de soins, d'expériences répétées
et suivies pour établir cette graduation et construire un type qui put servir à fabriquer ces
sortes de clepsydres. Il n'est pas douteux,
d'ailleurs, qu'elles furent pendant très-long-
temps en usage, surtout dans la classe moyenne
et dans les couvents pauvres; ce doit être à
une horloge de ce genre que fait allusion la
règle de Saint-Benoît, dans le passage cité plus
haut.

Les clepsydres reçurent peu à peu des modifications qui les rendirent moins imparfaites.
Entre celle que je viens de décrire et celle qui
est représentée ci-contre, d'immenses progrès
avaient été réalisés dans l'art de l'horlogerie.
Je vais m'efforcer d'être assez clair pour que
tout le monde puisse me comprendre.

Des lignes obliques, tracées d'après le cours
des saisons, contournaient une colonne et indiquaient pour toute l'année l'augmentation et
la diminution successive des heures. Il fallait
arriver à ce que, pendant l'année tout entière,
chacune des vingt-quatre heures inégales qui
constituaient chaque *jour* le jour et la nuit vînt
se placer d'elle-même au bout de la baguette

CLEPSYDRE A ROUES.

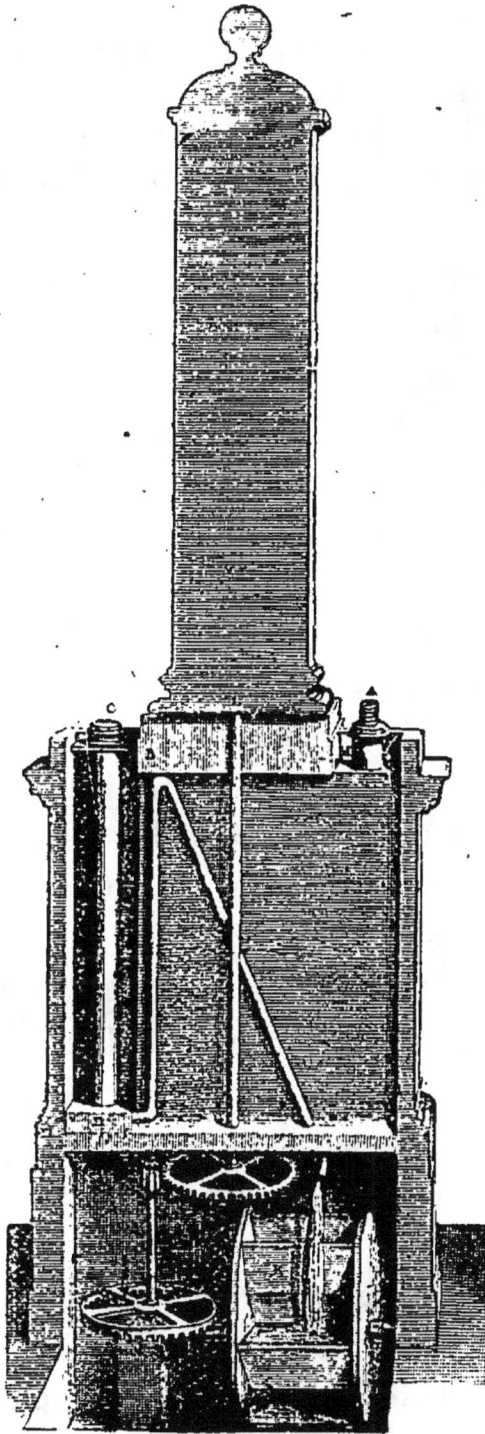

CLEPSYDRE A ROUES.

de l'enfant situé à gauche de la colonne. Ce problème compliqué fut résolu de la façon suivante.

L'enfant qui pleure à droite introduit goutte à goutte l'eau dans la clepsydre ; il la reçoit lui-même par le tuyau A. L'eau tombe des yeux de l'enfant dans le carré M, d'où une petite ouverture percée sous la colonne la conduit dans le carré long BCD. Là, un morceau de liége D nageant sur l'eau soulève, à mesure que l'eau monte, la colonne CD, et donne ainsi le mouvement à l'enfant qui désigne les heures.

Il fallait vingt-quatre heures pour remplir le conduit BCD. Ce temps passé, la baguette de l'enfant était donc parvenue au sommet de la colonne, et l'eau avait atteint le point B du tuyau FB. Celui-ci, formant siphon en FBE, vidait aussitôt la colonne CD. L'enfant redescendait alors, l'eau s'écoulait par le tuyau BE, et allait tomber sur le moulin K.

Ce moulin est formé de six augets. Il tourne lorsque l'un d'eux est plein, et il faut, pour en remplir un, la quantité d'eau contenue en BCD : un auget est donc rempli chaque jour, et le moulin fait dès lors son tour complet en six jours. En même temps que lui, tourne le

pignon N qui lui est attaché et qui porte 6 dents.
Ce pignon communique le mouvement à la
roue I, formée de 60 dents; elle-même guide le
. pignon H, composé de 10 dents, et qui engrène
dans la roue GO qui en a 61. Il faudra donc
à celle-ci, pour faire un tour complet, que le
pignon H ait fait le sien, et les dents de l'un
combinées avec celles de l'autre donnent le
nombre 366. Le pivot L, qui est guidé par
cette roue, guide lui-même la colonne qui fait
ainsi chaque jour la 366ᵉ partie de son tour [1].

Nous voyons ici, pour la première fois,
employer dans la construction des clepsydres
les roues dentées; nous allons maintenant y
voir figurer une chaîne, un cadran et une
aiguille.

Il suffit de jeter les yeux sur la clepsydre
suivante pour en comprendre le mécanisme.
Laissons de côté le tambour ODL qui est destiné à reproduire l'inégalité des heures; on le
représente hors de la boîte, mais il s'y emboî-
tait exactement. A mesure que l'eau monte
dans le réservoir H, elle élève la cloche de
liége I; cette cloche tient à une chaîne légère

---

[1] Voy. le *Traité d'architecture* de VITRUVE, traduit et
commenté par Ch. PERRAULT, p. 267.

CLEPSYDRE A CHAINE ET A AIGUILLE.

qui, entortillée autour de l'axe de l'aiguille,
communique le mouvement à celle-ci.

La première clepsydre qui paraît avoir été
vue en France serait celle que Théodoric
envoya, vers l'an 500, à Gondebaud, roi de
Bourgogne. Elle avait été construite par Boèce,
et l'eau tombant goutte à goutte y indiquait le
cours des heures, « aquis guttantibus horarum
spatia terminantur [1]. » Les Bourguignons émer-
veillés ne pouvaient comprendre ce phéno-
mène ; ils firent surveiller l'horloge, afin de
s'assurer que personne n'y touchait, et en
vinrent à croire qu'elle était intérieurement
animée par quelque divinité [2].

En 761, Pépin le Bref reçut du pape Paul Ier
un certain nombre de livres et une horloge noc-
turne, « et horologium nocturnum, » dit le Saint-
Père dans sa lettre d'envoi [3]. C'était donc, non
un cadran solaire, mais une clepsydre, et peut-
être sonnait-elle les heures.

Alexandrie, succédant à Athènes, avait été
sous les Ptolémées le véritable centre des con-
naissances humaines. Au début du neuvième
siècle, les lettres et les sciences ont choisi une

---

[1] PARADIN, *Annales de Bourgogne*, p. 37.
[2] Nicolas GERVAISE, *Histoire de Boèce*, 1re partie, p. 55.
[3] *Recueil des historiens des Gaules*, t. V, p. 513.

autre capitale : Bagdad, gouvernée par le grand
Aaron ou Haroun al Raschid, est devenue le foyer
dont l'Europe du Nord empruntera la lumière.
L'ambassade qu'Aaron envoya à Charlemagne
est restée célèbre. Parmi les présents qu'elle
apportait aux barbares d'Occident, on admirait
une clepsydre, qui prouvait quel degré d'habi-
leté avaient alors atteint les horlogers persans.
Éginhard, ami et conseiller de Charlemagne,
nous décrit ainsi cette horloge qu'il avait certainement étudiée : « Un mécanisme mû par
l'eau marquait le cours des douze heures, et au
moment où chaque heure s'accomplissait, un
nombre égal de petites boules d'airain tom-
baient sur un timbre placé au-dessous, et le
faisaient tinter par leur chute. Il y avait aussi
douze cavaliers qui, lorsque les douze heures
étaient révolues, sortaient par douze fenêtres,
en fermant derrière eux, dans le choc de leur
sortie, ces fenêtres qui auparavant étaient
ouvertes. On remarquait beaucoup d'autres
merveilles dans cette horloge ; mais il serait
trop long de les rapporter ici [1]. »

Les ouvriers d'Aix-la-Chapelle ne tentèrent
probablement pas d'imiter l'ingénieux méca-

[1] *OEuvres complètes d'Éginhard*, trad. TEULET, t. I, p. 271.

nisme qu'ils avaient sous les yeux, car il nous faut attendre encore près de 300 ans avant de constater en Europe l'emploi des clepsydres sonnantes. Dans les *Usages de l'Ordre de Cîteaux*, compilés vers 1120, on ordonne[1] au sacristain de disposer l'horloge, en sorte qu'elle sonne avant l'heure des matines [2]. Il est donc permis de supposer qu'à la fin du treizième siècle, ces sortes d'horloges pouvaient être assez communes dans les riches églises de Paris. Toutefois, saint Louis préférait régler sa vie par l'emploi de chandelles, dont la longueur était calculée de manière qu'elles se consumassent en un nombre d'heures déterminé. « Chascun jour, dit le confesseur de la reine Marguerite, il s'en raloit en sa chambre, et adoncq estoit alumée une chandele de certaine longueur, c'est à savoir de trois piez ou environ ; et endementieres[3] que ele duroit, il lisoit en la Bible ou en un autre saint livre; et quant la chandele estoit sur sa fin, un de ses chapelains estoit apelé[4]. »

---

[1] Chapitre cxiv.

[2] Dom CALMET, *Commentaire sur la règle de Saint-Benoît*, t. I, p. 280.

[3] Pendant.

[4] *Recueil des historiens des Gaules*, t. XX, p. 79.

Ce procédé, déjà fort usité sans doute, avait
donné naissance à une division singulièrement
vague du temps, et surtout de la nuit. On la
partageait en trois chandelles, et l'expression
une chandelle désignait soit le premier tiers,
soit un tiers quelconque de sa durée; *trois
chandelles*, c'était la nuit entière. Les exemples
de cette manière de compter les heures ne
sont pas rares; en voici trois qui ont été re-
cueillis par Ducange [1] : « Pour ce qu'il estoit
environ trois chandelles de nuit, l'exposant
print un planchon [2] en sa main pour la seu-
reté de son corps. » On lit encore dans une
charte de 1386 : « L'exposant s'en aloit en sa
maison environ heure d'une chandelle de
nuyct; » et la phrase suivante a été écrite
en 1408 : « Ce faisant, le suppliant mist et
vacqua tout ledit jour, et bien jusques à deux
chandelles de nuit. »

---

[1] *Glossarium*, v° *Candela*.
[2] Prit un épieu, une pique.

II

Si nous passons à une plus large mesure du temps, à la division en mois, en semaines et en jours, nous constatons que, pour les dates comme pour les heures, la nation se trouvait tributaire de l'Église. Les tableaux mentionnant la succession des jours n'étaient guère plus communs que les instruments destinés à indiquer celle des heures. A peu près seuls, les couvents possédaient en général un calendrier perpétuel. Dans beaucoup d'entre eux, on n'eût pas rencontré un seul religieux capable de dresser sans ce secours le calendrier de l'année, et de le copier pour l'usage de la communauté.

Le calendrier romain, tel que l'avait réformé Jules César, avait été adopté par les chrétiens[1], et dès le septième siècle, la France compta les

[1] Je néglige à dessein ce qui concerne le nombre d'or, les épactes, etc. Ces notions ne jouaient aucun rôle dans la vie privée, et elles sont données par tous les traités du calendrier.

années en prenant pour point de départ un anniversaire tiré de la vie du Christ. On créa ainsi une ère nouvelle, dite *de l'Incarnation, de la Trabéation* ou *de Grâce.*

Suivant les temps et les lieux, on fit commencer l'année :

Soit au 25 mars, date de l'*Annonciation* à la Vierge ou de la *Conception* de Jésus-Christ.

Soit au 25 décembre, date de la *Nativité* du Christ.

Soit au 1er janvier, date de sa *Circoncision.*

Soit à la fête mobile de *Pâques.*

Depuis le treizième siècle, Pâques prévalut dans le Nord, et l'on ne pouvait faire un choix plus malheureux, puisque cette fête ne se représentant ni à jour fixe, ni même dans le même mois, il fallait, pour être précis, ajouter souvent à la date des actes la formule *avant* ou *après Pâques.* Ainsi, Jean Bouchet, racontant la mort de Charles VIII, s'exprime en ces termes : « Il alla de vie à trespas le septiesme jour d'avril de l'an 1497 avant Pasques, ainsi qu'on faict à Paris, et l'an 1498 à commencer l'année à l'Annonciation Nostre-Dame, ainsi qu'on faict en Acquitaine[1]. » Pour comble de

---

[1] *Généalogie des roys de France,* édit. de 1539, f° 137.

désordre, la tradition romaine et gauloise s'était conservée relativement aux étrennes : que l'année commençât à une date ou à une autre, c'est toujours au 1ᵉʳ janvier qu'on se les offrait et qu'avaient lieu les fêtes de famille qui inauguraient l'année nouvelle. En réalité, celle-ci commençait, à Paris, dans la nuit du samedi saint, après la bénédiction du cierge pascal. On y attachait et l'on bénissait avec lui le rouleau de parchemin sur lequel le plus habile calligraphe de l'église ou du couvent avait transcrit le calendrier de l'année.

L'usage avait attribué aux mois, aux semaines et aux jours des appellations vulgaires, qui sont aussi employées que les noms historiques, même dans les actes les plus importants.

On nommait ainsi :

Mois de Pâques, celui qui renfermait la fête de Pâques : « Donné à Gray, lendemain du mois de Pâques 1286 [1]. »

Juin, *le grand,* à cause de la longueur des jours en ce moment de l'année : « En l'an de l'Incarnation 1292, au mois de juing le grant. »

---

[1] Cet exemple et les deux suivants sont cités par DUCANGE au mot *Mensis.*

Juillet, *le mois des foins* [1].

Juin et Juillet, *resaille-mois*, parce que c'était le temps de la coupe des foins : « L'an de grâce 1376, le quatorziesme jour du mois de juing, que on appelle resaille-mois. »

Aout, *le mois des moissons* [2].

Janvier, *le onzième*. C'était, en effet, le rang qu'il occupait dans la nomenclature des mois quand Pâques tombait en mars.

Février, *le douzième*, et aussi *mensis purgatorius* et *mensis purificationis*, parce que la fête de la purification de la Vierge se célèbre le 2 de ce mois.

On comptait quelquefois les jours par calendes, nones et ides, mais dans un ordre différent de celui que suivaient les Romains. Plus souvent, on divisait le mois en deux parties : *le mois entrant* ou *commençant* [3], du 1ᵉʳ au 15 dans les mois de 30 jours et du 1ᵉʳ au 16 dans ceux de 31 jours ; *le mois sortant* ou *finissant* [4], du 15 au 30 ou du 16 au 31, mais les jours se comptaient alors en rétrogradant, le 30 ou le 31 devenant le 1ᵉʳ. On disait, par

[1] *Mensis fenalis.*
[2] *Mensis messionum.*
[3] *Mensis intrans.*
[4] *Mensis exiens.*

exemple, pour désigner le 8 septembre : *le huitième jour de septembre entrant*[1], et pour désigner le 28 avril : *le troisième jour d'avril finissant*[2], le mois d'avril n'ayant que trente jours. Souvent, le quantième était remplacé par le nom du saint fêté ce jour-là. On lit dans une charte de 1362 : « Ils ont octroyé au Roy pour un an tant seulement, commençant le jour S. Pierre entrant aoust prochain, aide pour sa délivrance[3]. »

Nos pères avaient doté la semaine sainte d'une foule d'épithètes où se révèle la naïve ferveur de leur piété. C'était *la fameuse, la grande semaine, la semaine des indulgences, la semaine de la croix, la semaine muette*, parce que, pendant les trois derniers jours, les cloches ne sonnent point ; *la semaine peneuse*[4], c'est-à-dire pénible, laborieuse : « Touz les cordouanniers de Paris, dit le *Livre des métiers*[5], doivent paier au Roy· XXII s. en la semaine peneuse de Pasques. »

La semaine de l'Ascension était la *semaine*

[1] *Dies octava intrantis septembris.*
[2] *Dies tertia exeuntis aprilis.*
[3] DUCANGE, v° *Mensis.*
[4] *Hebdomada authentica, magna, indulgentiarum, crucis, muta, pœnosa.*
[5] Titre LXXXIV, art. 13.

de l'attente[1], parce qu'elle rappelle l'attente du Saint-Esprit.

On nommait *semaine chaste*[2] celle de la Quadragésime, premier dimanche du saint temps de carême, et *semaine grasse*[3] celle de la Quinquagésime, parce que le mardi gras y est compris. Des lettres de rémission, écrites en 1397, s'expriment ainsi : « Un peu de temps avant caresme prenant, en la grasse semaine[4]. »

Les jours étaient dits *féries*, nom que l'on faisait suivre ou précéder des mots *première, seconde, troisième*, etc., pour indiquer le rang qu'ils occupaient dans la semaine, en commençant par le dimanche. Celui-ci était donc la *première férie*, le lundi la *seconde férie*, le mardi la *troisième férie*, et ainsi de suite[5].

Pendant la semaine sainte, on ajoutait au nom de chaque jour le mot *grand*. La *troisième*

---

[1] *Hebdomada expectationis.*

[2] *Hebdomada casta.*

[3] *Hebdomada grassa.*

[4] DUCANGE, v° *Hebdomada.*

[5] Geoffroi de Beaulieu nous apprend que saint Louis jeûnait le mercredi et le vendredi « quarta feria et sexta feria, » et qu'il s'abstenait même de fruits le vendredi pendant la Quadragésime et l'Avent « sextis feriis in Quadragesima et Adventu. » *Recueil des historiens des Gaules,* t. XX, p. 10.

grande férie[1] désigne donc le mardi de la semaine sainte, etc. Le jeudi, le vendredi et le samedi de cette semaine étaient dits aussi *jours de lamentation*[2], parce qu'on y chante à matines les Lamentations de Jérémie.

Fréquemment aussi, et jusqu'au quinzième siècle, les chroniqueurs et même les écrivains sacrés désignent les jours comme le faisaient les Romains, qui avaient placé chacun d'eux sous la protection d'une planète considérée comme divinité. Le lundi était le jour de la lune (*dies lunæ*), le mardi le jour de Mars (*dies Martis*), le vendredi le jour de Vénus (*dies Veneris*), etc. Vincent Ferrier[3] fait bien mieux : dans un passage de ses sermons sur saint Jean-Baptiste, il mélange les deux nomenclatures païenne et chrétienne, et construit ainsi la semaine :

Dimanche, *dies dominica.*

Lundi, *dies lunæ.*

Mardi, *dies Martis.*

Mercredi, *feria quarta.*

Jeudi, *feria quinta.*

Vendredi, *feria sexta.*

[1] *Feria tertia magna.*
[2] *Dies lamentationis.*
[3] Mort en 1415, canonisé en 1455.

Samedi, *sabbatum*[1].

Les jours étaient encore très-souvent désignés par des noms tirés soit du sujet traité
dans l'évangile, soit des premiers mots de
l'introït qui leur était propre.

C'est ainsi que le LUNDI de la première semaine de carême s'appelait *Le jugement dernier,* et le mardi de la troisième semaine *La
correction fraternelle.*

Le MARDI gras était dit *carnivora, caramen-
trannus, quaresmentrannus, mardy de caresme
entrant* ou *de caresme prenant :* « Nus corroier[2]
ne doit ouvrer de nuiz[3], se ce n'est entre la
S. Remi et quaresme prenant[4]. »

Le lundi était consacré aux morts, le mardi
aux anges. Le passage de Vincent Ferrier, que
j'ai mentionné plus haut, ne laisse aucun doute
à cet égard[5].

---

[1] Voy. *Sancti Vincentii sermones de sanctis,* 1503, in-
folio, second sermon sur saint Jean-Baptiste, col. 4. Le
volume n'a pas de pagination.

[2] Faiseurs de courroies.

[3] Ne doit travailler à la lumière.

[4] *Livre des métiers,* titre LXXXVII, art. 18.

[5] « Nota hic de illa muliere devota quæ, quando vir exi-
gebat ab ea debitum, semper inveniebat excusationes. Si in
dominica : « Huy! sancta mater Dei! hodie quæ est dies
resurrectionis Domini, vultis talia facere! » Si die lune,
dicebat : « Huy! hodie debet homo rogare pro mortuis. »
Si die Martis : « Hodie Ecclesia facit pro angelis... »

Le MERCREDI des Cendres était appelé *caput jejunii*, parce qu'il inaugurait les jours de jeûne; le mercredi de la troisième semaine de carême, *mercredi des traditions*, l'évangile du jour rappelant les fausses traditions des Juifs; le mercredi de la quatrième semaine *feria magni scrutinii*, parce que l'on commençait ce jour-là l'examen des catéchumènes. On trouve, surtout au treizième siècle, les formes populaires *mecredi, merquedi*[1], etc.

Le JEUDI saint se nommait *jeudi absolu*[2] : « Il fut deux roynes par deça la mer, qui léurs délits de luxure faisoient aux ténèbres le jeudy absolu [3]; » *jeudi blanc,* parce qu'après le lavement des pieds, on distribuait aux pauvres du pain blanc; *grand jeudi*[4] : « Il me demanda si je lavoie les piez aus povres le jour dou grant jeudi[5]. » Le jeudi de la semaine de la Passion était appelé *La pécheresse pénitente;* celui de la première semaine de carême *La*

---

[1] *Livre des métiers,* titres I, XLII et LXVIII. — JOIN-VILLE, *Vie de saint Louis,* chap. CXXXI. — *Recueil des historiens des Gaules,* t. XX, p. 74, etc., etc.

[2] *Dies absolutionis, dies Jovis absoluti.*

[3] *Le livre du chevalier de La Tour Landry,* édit. elzév., p. 250.

[4] Voy. ci-dessus, p. 35.

[5] JOINVILLE, *Histoire de saint Louis,* chap. III.

Cananée[1] ; celui de la deuxième, *Le mauvais riche;* celui de la quatrième, *La veuve de Naïm.*

Le VENDREDI saint était le *vendredi aouré* ou *de croix aourée*[2] : « Le vendredi de croiz aourée ne crient pas crieurs [3] ; » et le *vendredi benoist* [4] : « Le saint vendredy aouré, l'on estaingnoit les chandelles en leurs oratoires... Et la déesse d'amours les temptoit follement le saint vendredi benoist, que toute créature doit plourer et gémir [5]. » Le vendredi de la semaine de la Passion se nommait *Compassion de la Vierge, Fête des Sept-Douleurs* et *Notre-Dame de Pitié;* celui qui précède le dimanche des Rameaux, *Conseil des Juifs;* celui de la première semaine de carême, *Le malade de trente-huit ans;* celui de la deuxième, *Les vignerons;* celui de la troisième, *La samaritaine;* celui du quatrième, *Le Lazare.*

Le vendredi était jour de tristesse, de jeûne et de grand deuil ; tout fervent chrétien portait ce jour-là des vêtements de couleur som-

---

[1] La Chananéenne.
[2] Adorée.
[3] *Livre des métiers,* titre V, art. 12.
[4] Bénit.
[5] *Le livre du chev. de La Tour Landry,* p. 250. — « Le jour du benoist vendredi, monseigneur le cardinal célébra l'office. » MONSTRELET, *Chronique,* chap. LII, t. II, p. 12.

bre¹, et glissait à son doigt une bague spéciale dite *annel des vendredis.* Celle du roi Charles V était niellée, et l'on y voyait représentées des scènes de piété ². On n'osait rien entreprendre en un pareil jour. L'année 1339, les soldats de Philippe VI étant deux fois plus nombreux que leurs ennemis³, refusèrent de combattre un vendredi ⁴, et laissèrent l'armée anglaise opérer sa retraite pendant la nuit. Enfin, même au déclin du quinzième siècle, une bonne ménagère n'eût jamais mis des œufs à couver un vendredi; « car, pour vray, les pouchins qui en viennent sont volentiers devorez des oyseaux et bestes sauvages ⁵. »

Le SAMEDI saint s'appelait *samedi des lumières* ⁶; celui de la deuxième semaine de carême, *La femme adultère,* et celui de la troi-

---

¹ « Le mareschal a le jour du vendredy en grande révérence. Il n'y mange chose qui prenne mort, ne vest de couleur fors noire, en l'honneur de la Passion de Nostre Seigneur. » *Le Livre des faicts du mareschal de Boucicaut,* édit. Michaud, t. II, p. 319.

² « Et le porte le Roy continuellement les vendrediz. » *Inventaire du mobilier de Charles V,* édit Labarte, n° 524, p. 83.

³ FROISSART, *Chroniques,* liv. I, § 86.

⁴ *Les grandes chroniques de France,* édit. P. Paris, t. V, p. 378.

⁵ *Les évangiles des quenouilles,* édit. elzév., p. 79.

⁶ *Sabbatum luminum.*

sième semaine, *L'enfant prodigue*. Le samedi, comme la veille de tous les jours de fête, les ouvriers quittaient l'atelier plus tôt qu'à l'ordinaire [1].

Les DIMANCHES [2] étaient désignés par le premier mot ou les premiers mots de l'introït qui était propre à chacun. Nos calendriers actuels témoignent encore de cette coutume, puisqu'on y trouve mentionnés les dimanches dits *Reminiscere, Oculi, Lætare, Quasimodo,* etc.

Voici le nom de tous les dimanches de l'année d'après leur introït :

1er dimanche après Pâques,			*Quasi modo.*
2e	—	—	*Misericordia.*
3e	—	—	*Jubilate.*
4e	—	—	*Cantate Domino.*
5e	—	—	*Vocem jucunditatis.*
Dimanche de la Trinité,			*Benedicta.*
1er dim. après la Pentecôte,			*Domine in tua.*
2e	—	—	*Factus est.*
3e	—	—	*Respice in me.*
4e	—	—	*Dominus illuminatio mea.*
5e	—	—	*Exaudi Domine.*
6e	—	—	*Dominus fortitudo.*

[1] Voy. ci-dessus, p. 5 et s., et le *Livre des métiers,* passim.

[2] *Dies sanctus, Dies dominica, Dies solis,. Dominica resurrectionis,* etc.

7e dim. après la Pentecôte, *Omnes gentes.*
8e — — *Suscepimus.*
9e — — *Ecce Deus.*
10e — — *Dum clamarem.*
11e — — *Deus in loco.*
12e — — *Deus in adjutorium.*
13e — — *Respice Domine.*
14e — — *Protector noster.*
15e — — *Inclina.*
16e — — *Miserere mei.*
17e — — *Justus es.*
18e — — *Da pacem.*
19e — — *Salus populi.*
20e — — *Omnia quæ.*
21e — — *In voluntate.*
22e — — *Si iniquitates.*
23e — — *Dicit Dominus.*

Les autres dimanches, jusqu'à l'Avent, n'ayant point d'office à la messe, ne pouvaient tirer leur nom de l'introït.

1er dimanche de l'Avent, *Ad te levavi.*
2e — — *Populus Sion.*
3e — — *Gaudete.*
4e — — *Rorate cœli.*
Dimanche après Noël, *Dum medium.*
1er dimanche après l'Épiphanie, *In excelso.*
2e — — *Omnis terra.*
3e — — *Adorate.*
Dimanche de la Septuagésime, *Circumdederunt.*

Dimanche de la Sexagésime,	*Exurge.*
— Quinquagésime,	*Esto mihi.*
1er dimanche de Carême,	*Invocavit.*
2e — —	*Reminiscere.*
3e — —	*Oculi.*
4e — —	*Lœtare.*
Dimanche de la Passion,	*Judica.*
— des Rameaux,	*Domine, ne.*

Ces noms latins étaient passés dans la langue, même dans la langue populaire, et les bonnes femmes citaient les dimanches d'*Eccedeus* ou de *Dapacem* tout comme elles citent aujourd'hui les dimanches de *Lætare* ou de *Quasimodo.* Les dimanches plus spécialement fêtés avaient d'ailleurs encore bien d'autres noms, tirés soit de la place qu'ils occupaient dans le calendrier, soit des événements qu'ils rappelaient, soit d'anciennes traditions; et ces formes étaient si nombreuses, que je dois me borner à mentionner les principales :

DIMANCHE DE PAQUES. *Le saint dimanche, le dimanche de la résurrection, le grand jour, les grandes Pâques, Pâques communiant, Pâques charneux,* parce que c'est la fin du jeûne :
« Ont comparu devant nous, le mardi devant Pasques charneux, l'an 1350... [1] »

---

[1] Cet exemple et les deux suivants sont extraits de Du-cange, aux mots *Pascha* et *Dominica.*

PREMIER DIMANCHE APRÈS PAQUES. *Pâques clauses*[1]: « Le merquedy après Pasques clauses, l'an de grâce 1326. »

DEUXIÈME DIMANCHE APRÈS PAQUES. *Le dimanche des blanches nappes*[2].

CINQUIÈME DIMANCHE APRÈS PAQUES. *Dimanche des Rogations.*

DIMANCHE DE LA PENTECÓTE. *La Pâques des roses*[3], parce qu'elles commencent à fleurir vers ce moment.

DIMANCHE DE LA TRINITÉ. *Le dimanche double*[4], parce qu'il est en même temps le premier dimanche après la Pentecôte; *la Trinité d'été*[5], *le roi des dimanches*[6] : « Par un jour qui est apelé li rois des diemanches, ce est li jour de la sainte Trinité. »

DERNIER DIMANCHE APRÈS LA PENTECÓTE. *La Trinité d'hiver*[7].

DIMANCHE APRÈS LA SAINT-DENIS. *Le dimanche des jeunes garçons*[8].

---

[1] *Clausum Paschæ.* — Souvent aussi *Dominica in albis*, sous-entendu *depositis,* parce que les nouveaux baptisés quittaient alors leurs vêtements blancs.

[2] *Dominica mapparum.*

[3] *Pascha rosarum, Pascha rosata.*

[4] *Dominica duplex.*

[5] *Trinitas æstalis.*

[6] *Rex dierum dominicorum.*

[7] *Trinitas hiemalis.*

[8] *Dominica valletorum.*

PREMIER DIMANCHE APRÈS LE 1ᵉʳ JANVIER. *Le di-manche après les étrennes* [1] : La confrérie des drapiers se réunissait « le dimanche après les estraines [2]. »

DEUXIÈME DIMANCHE APRÈS L'ÉPIPHANIE. *Archi-triclinii dies,* parce que l'Évangile du jour rapporte le miracle des noces de Cana.

TROISIÈME DIMANCHE APRÈS L'ÉPIPHANIE. *Le dimanche des lépreux* ou *du centenier.*

DIMANCHE DE LA QUINQUAGÉSIME. *Le dimanche gras* [3], *le dimanche avant les brandons* [4].

DIMANCHE DE LA QUADRAGÉSIME. *Le jour des feux* ou *des brandons* [5], parce que le peuple avait coutume de fêter ce dimanche en allu-mant des feux sur les places publiques : « Nus baudroyer [6] ne puet ouvrer entre les Bran-dons et la Saint-Remi [7]. » *Premier dimanche de behourdis* ou *de bohordis,* du mot *bohourd,* qui désignait une sorte de joute avec des bâ-tons ferrés : « Le premier dimanche de qua-

---

[1] *Dominica post strenas.*
[2] *Ordonnances royales,* t. III, p. 581.
[3] *Dominica pinguis.*
[4] *Dominica ante brandones.*
[5] *Dies focorum* ou *brandonum.*
[6] Corroyeurs de cuirs épais destinés à faire des ceintures, des semelles, etc.
[7] *Livre des métiers,* titre LXXXIII, art. 9.

resme, appellé les Brandons ou Behourdiz,
1393 [1]; » *la quintaine* [2], parce que ce dimanche
est le cinquième avant la quinzaine de Pàques.

DEUXIÈME DIMANCHE DE CARÈME. *Le dimanche
après les feux* [3]; *le second behourdis; le dimanche
de la Transfiguration,* parce qu'on y lit dans
l'Évangile le récit de la transfiguration.

QUATRIÈME DIMANCHE DE CARÈME. *Le dimanche
de la rose* [4], parce que ce jour-là le pape bénit
chaque année une rose faite de feuilles d'or,
qui est portée en procession, puis envoyée à
quelque prince ou princesse.

DIMANCHE DE LA PASSION. *Dimanche repus* [5]
(caché), parce que la veille de ce dimanche
les images des saints sont recouvertes d'un
voile; *le dimanche du clou* [6], en souvenir de la
crucifixion.

DIMANCHE DES RAMEAUX [7]. *Pâques fleuries* [8];
*le dimanche d'avant que Dieu fût vendu; le di-
manche d'Osanne* [9] : « Nous, estans en la Rou-

[1] DUCANGE, au mot *Bohordicum.*
[2] *Quintana.*
[3] *Dominica post focos.*
[4] *Dominica rosæ, de rosa ou rosata.*
[5] *Dies repositus.*
[6] *Dominica clavis.*
[7] *Dominica ramorum, palmorum, florum.*
[8] *Pascha floridum.*
[9] *Dominica osanna, dies osannæ.*

chelle, vers la fin de l'an 1315, environ l'O-
sanne [1]. »

Ces dénominations si variées avaient pour
origine la rareté des calendriers, l'impossibi-
lité où se trouvait dès lors le peuple de désigner les jours, comme nous le faisons aujour-
d'hui, par la place qu'ils occupent dans le
mois. Les dimanches n'étaient donc pas les
seuls qui eussent ainsi reçu des qualifications
propres à les faire reconnaître. On s'était vu
forcé d'appliquer le même procédé aux jours
de fête qui, en outre, étaient souvent désignés
par le nom du saint consacré à chacun d'eux.
On lit, par exemple, dans le *Livre des Métiers* [2] : « Nus talemelier [3] ne puet cuire le
jour de la Magdeleine, ne au jour de la feste
S. Jaque et S. Cristofle, ne au jour S. Lo-
rent..., ne au jour de la Touz Sainz, ne au
jour de la feste aux Mors [4]. » Dimanches et
fêtes ainsi baptisés servaient ensuite de points
de repère, et l'on intercalait entre eux les
autres jours : « Le mardi après la Magdeleine,
le merquedi après la S. Estienne, le mercredi

---

[1] DUCANGE, au mot *Dominica.*
[2] Titre I, art. 27 et 28.
[3] Boulanger.
[4] Les Trépassés.

avant la S. Cir[1]... — Le roy et la royne se requeillirent en leur nez[2] le vendredi devant la Penthecouste[3]...— Celle dicte année, la veille de Saint Andry, Charles, empereur de Romme, trespassa[4]. »

Parmi les jours de fête qui portaient un autre nom que celui de leur saint, je citerai :

3 MAI. *Invention* (découverte) *de la sainte Croix*[5] ; *la fête Sainte Croix en mai*[6].

8 MAI. *Révélation* (apparition) *de saint Michel :* « La messe fut célébrée par le patriarche d'Alexandrie le jour de la révélacion Saint-Michel[7]. »

4 JUILLET. *Fête de Saint-Martin le bouillant*[8] ou *Saint-Martin d'été.*

1er AOUT. *Fête de Saint-Pierre aux Liens*[9]; *Saint-Pierre en goule août*[10], *Saint-Pierre entrant août*[11], c'est-à-dire au commencement d'août :

---

[1] Voy. le *Livre des métiers,* titre LIII, in fine.
[2] Se retirèrent dans leur nef.
[3] JOINVILLE, *Histoire de saint Louis,* § 80.
[4] Christine de Pisan, liv. III, ch. LIX.
[5] *Inventio sanctæ crucis.*
[6] Voy. ci-dessous à la date du 14 septembre.
[7] MONSTRELET, chap. LII, t. II, p. 16.
[8] *Festum sancti Martini bullientis.*
[9] *Festum sancti Petri ad vincula.*
[10] *Sanctus Petrus in gula Augusti.*
[11] Voy. ci-dessus, p. 33.

« Nus talemelier ne puet cuire en la feste S. Père en goule aoust[1]... Après la S. Pierre entrant aoust[2]. »

5 AOUT. *Notre-Dame de la nef* ou *aux neiges*[3].

11 AOUT. *La Susception de la sainte Couronne*[4] par saint Louis.

15 AOUT. *L'Assomption*[5] : « Donné l'an 1349, le mardy après l'Assumption Nostre-Dame ; » *le repos de sainte Marie*[6] ; *la fête des herbes*[7], parce qu'on avait coutume, ce jour-là, de joncher l'église d'herbes et de fleurs; *Notre-Dame de la mi-août :* « Nus talemelier ne puet cuire au jour Nostre-Dame de la mi-aoust[8]... Nus (sellier) ne puet ouvrer aus quatre festes Nostre-Dame, c'est à savoir : à la Mi-aoust, à la Septembresche (*Nativité*), à la Chandeleur (*Purification*) et en Mars (*Annonciation*)[9]. »

29 AOUT. *Décollation de saint Jean-Baptiste*[10] ;

---

1 *Livre des métiers,* titre I, art. 25.
2 *Id.,* titre LIII, notes additionnelles.
3 *Sancta Maria de nive* ou *ad nives.*
4 *Festum coronæ Domini.*
5 *Festum Assumptionis Deiparæ.*
6 *Pausatio S. Mariæ.*
7 *Festum herbarum.*
8 *Livre des métiers,* titre I, art. 8. Voy. aussi titre LIII, art. 11.
9 *Id.,* titre LXXVIII, art. 24.
10 *Decollatio S. Joannis Baptistæ.*

Saint-Jean Décolasse : « La fête des chevaliers de Malte, qui s'appelle Sainct Jean Décolasse [1]. »

8 SEPTEMBRE. *Nativité de la Vierge* [2]; *Notre-Dame de septembre; Septembrate; Septembresche,* etc. : « Nus talemelier ne puet cuire au jour de la Septembresche [3]. »

14 SEPTEMBRE. *La Sainte Croix après août :* « Nus talemelier ne puet cuire au jour de la feste S. Crois après aoust, ne au jour de la feste S. Crois en may [4]. »

Ier NOVEMBRE. *La Toussaint* [5].

2 NOVEMBRE. *Les Trépassés* [6]; *la fête des âmes, des bonnes âmes* [7] : « Le jeudi d'après Noël, que l'on faisoit feste des trespassez, le suppliant aperceut Jehan, lequel remplissoit ung fossé, auquel il dist : « Il fust mieux que vous « fussiez à l'église, car il est aujourd'huy la « feste des bonnes âmes, la feste aux mors [8]. »

8 NOVEMBRE. *Les quatre-couronnés.* Quatre

---

[1] LE MASSON, *Calendrier des confréries,* p. 25.
[2] *Nativitas B. Mariæ.*
[3] *Livre des métiers,* titre I, art. 8.
[4] *Id.,* titre I, art. 26.
[5] *Festum omnium sanctorum.*
[6] *Commemoratio defunctorum.*
[7] *Festum* ou *dies animarum.*
[8] DUCANGE, au mot *Festum.*

frères martyrisés sous Dioclétien, au moyen de couronnes garnies de pointes de fer [1].

11 NOVEMBRE. *La Saint-Martin d'hiver* [2].

8 DÉCEMBRE. *La Conception Notre-Dame* [3]; *Notre-Dame des avents* ou *des advents* [4].

25 DÉCEMBRE. *Noël* [5]; *le gist* (l'accouchement) *de Noël* [6].

1er JANVIER. *La fête des fous* [7], parce que le 1er janvier était un des jours consacrés aux extravagances de la célèbre fête des fous.

6 JANVIER. *Épiphanie, Tiphanie, Tiphaine* [8], etc. : « Lendemain, jour de la Tiphanie, l'empereur volt [9] veoir les reliques [10]... — Le merquedy après la Thiphanie [11].....; » *l'adoration des Mages* [12]; *la fête de l'étoile* [13], celle qui guida

[1] Légende fort embrouillée. Voy. un bon article signé S. BERGER, dans l'*Encyclopédie des sciences religieuses* de F. Lichtenberger, t. XI, p. 430.

[2] *Festum S. Martini hiemalis.*

[3] *Conceptio B. Mariæ.*

[4] *Festum B. Mariæ de Adventu :* « La confrérie de dévotion de N.-D. des Advents. » Le Masson, p. 76.

[5] *Natale Domini. Festum nativitatis Christi,* etc.

[6] Voy. les *Ordonnances royales,* t. III, p. 583.

[7] *Stultorum festum.*

[8] *Epiphania, Theophania,* etc.

[9] Voulut.

[10] Christine de Pisan, liv. III, ch. XL.

[11] *Livre des métiers,* titre XLII, notes additionnelles.

[12] *Adoratio magorum.*

[13] *Festum stellæ.*

les Mages; *l'Apparition*[1] de Jésus-Christ sur
la terre.

18 JANVIER. *La chaire de saint Pierre; la cathédration de saint Pierre*[2]; *la fête des viandes
de saint Pierre*[3], jour où les chrétiens faisaient
des agapes en l'honneur de saint Pierre.

2 FÉVRIER. *La Présentation*[4] de Jésus-Christ
au temple; *la Purification*[5] de la Vierge; *la
Chandeleur*[6].

25 MARS. *L'Annonciation*[7]; *la Marzache*,
parce que cette fête se célèbre en mars; *Notre-
Dame chasse mars, Notre-Dame en mars* : « Nus
talemelier ne puet cuire au jour Nostre-Dame
en mars[8]. »

---

[1] *Festum apparitionis.*
[2] *Natale sancti Petri de cathedra.*
[3] *Festum sancti Petri epularum.*
[4] *Præsentatio Christi.*
[5] *Purificatio B. Mariæ.*
[6] *Festum luminum, candelarum.*
[7] *Annunciatio Deiparæ, Cheretismus*, etc.
[8] *Livre des métiers*, titre I, art. 24.

III

On ne sait ni à quel siècle ni à quels savants il faut attribuer les précieuses découvertes qui permirent de mesurer les jours avec quelque exactitude [1]. Parmi elles, il faut surtout citer :

1° La pesanteur des corps (*les poids*) substituée à l'action de l'eau pour faire mouvoir les roues de l'horloge ;

2° L'addition d'un régulateur (*balancier*) mû par les roues ;

3° L'admirable invention de l'*échappement*, modérateur dont le double effet est de suspendre à intervalles réguliers l'action du moteur et des roues, et de produire ainsi dans le balancier un mouvement alternatif qui divise le temps en parties égales.

Nous verrons plus loin comment fonctionnait tout ce mécanisme.

[1] Voy. F. BERTHOUD, *La mesure du temps par les horloges*, t. I, p. 42

Philippe le Bel, mort en 1314, possédait « ung reloge d'argent tout entièrement, sans fer, avec deux contrepoix d'argent empliz de plomb [1]. »

Parmi les témoins appelés à déposer en 1328 dans le procès de Robert d'Artois, figure un sieur Gérard de Juvigny, qui prend le titre de « varlet de chambre et ollogeur au Louvre [2]. »

Le roi Jean, pendant sa captivité en Angleterre, avait une assez mauvaise « auloge. » Il est obligé de la faire réparer le 21 juillet 1359 ; et le 12 janvier suivant, il en commande une autre, qui lui est livrée le 19 mars [3].

Dans le *Compte des dépenses faites par Charles V au château du Louvre* [4] en 1365, on lit cette mention : « A Philippe Sirasse, huchier [5], pour avoir faict de bois d'Illande un estuy pour hébergier l'orloge de M. le Dalphin [6] qui sonne les oeures audit Louvre... » Le

---

[1] *Inventaire des biens du roi Charles V*, publié par J. LABARTE, n° 2598.

[2] LANCELOT, *Mémoires pour les pairs de France*, p. 468, et *Mémoires pour servir à l'histoire de Robert d'Artois*, dans les *Mémoires de l'Académie des Inscriptions*, t. X, p. 599.

[3] DOUET-D'ARCQ, *Comptes de l'argenterie des rois de France*, p. 209, 228 et 237.

[4] Publié par LE ROUX DE LINCY, p. 33..

[5] Nom alors porté par les menuisiers.

[6] Le Dauphin.

roi lui-même possédait un sablier, « ung grant orloge de mer, de deux grans fioles plains de sablon, » plus, trois horloges : d'abord celle qui avait appartenu à Philippe le Bel, puis « ung reloge en façon d'un timbre, » don du duc de Berry, et enfin « ung reloge d'argent blanc qui se met sur ung pillier [1]. »

Charles V n'avait sans doute qu'une médiocre confiance dans ces étranges instruments, car il resta longtemps fidèle à un procédé chronométrique que nous avons déjà mentionné. Dans sa chapelle brûlait sans interruption un cierge marqué de vingt-quatre divisions qui indiquaient les vingt-quatre heures du jour et de la nuit, et des serviteurs préposés à cet office venaient lui signaler de temps en temps la marque que la flamme avait atteinte [2]. Christine de Pisan, qui nous fournit ce renseignement, en tire cette sage conclusion que les horloges devaient encore être rares : « par ceste prudent mesure trouver, est à présumer

---

[1] *Inventaire de Charles V*, nᵒˢ 2120, 2332 et 3067.

[2] « Icelluy avoit en sa chappelle une chandoille ardente, qui estoit divisée en vingt-quatre parties, et y avoit gens députez qui lui venoient dire jusques où la chandoille estoit arse, et à ce avisoit quel chose il debvoit faire. » Christine DE PISAN, *Le livre des fais et bonnes meurs du sage roy Charles*, 1ʳᵉ partie, ch. XVI; édition Michaud, t. I, p. 609.

qu'encore n'estoyent orloges communs[1]. »

Elles allaient devenir plus nombreuses et plus utiles, grâce à la passion que le prudent monarque paraît avoir eu pour l'exactitude. Vers 1370, il résolut d'établir, au centre même de Paris, dans une des tours du Palais, une grande horloge sonnante qui pût fournir l'heure à toute la ville. Mais il n'existait alors en France aucun ouvrier capable de mener à bien un tel travail. Depuis six ans déjà, Giovanni Dondi avait exécuté pour la bibliothèque de Pavie la belle horloge[2] qui fit ajouter à son nom celui

---

[1] L'invention de cet ingénieux procédé semble prouver, etc.

[2] C'était, sans nul doute, un curieux ouvrage de mécanique, mais marquait-il les heures? Philippe de Maizières le décrit ainsi : « Cestuy maistre Jehan des Orloges a fait un grand instrument par aucuns appellé *espère* (sphère) ou *orloge* des mouvemens du ciel; ouquel instrument sont tous les mouvemens des signes et des planettes... Et a chacune planette son mouvement, par telle manière que, à toutes heures et momens du jour et de la nuit, on peut veoir clairement en quel signe et degré les planettes sont et estoiles solempnelles du ciel. Et est faite si soubtilement cette espère que, nonobstant la multitude des roes (roues), qui ne se pourroient nombrer bonnement sans défaire l'instrument, tout le mouvement d'icelle est gouverné par un tout seul contrepois... Et afin que ladite espère fut bien faicte et parfaicte, selon l'entendement soubtil dudit maistre Jehan, il, de ses propres mains forgea ladite orloge toute de laiton et de cuivre, sans aide de nulle autre personne, et ne fist autre chose en seize ans entiers. » *Le Songe du vieil pèlerin.* Voy. *Histoire de l'Académie des inscriptions*, t. XVI, 1751, p. 227.

de *dall'orologio*. Il ne consentit sans doute pas à se déplacer, et le roi fit venir d'Allemagne un habile ouvrier nommé Henri de Vic. Il le logea dans la tour même, et lui accorda six sous parisis par jour pour ses honoraires. Henri de Vic employa huit années à parfaire son œuvre.

L'historien Froissart, qui avait examiné avec soin cette machine peu compliquée, nous en a conservé la description dans une pièce de vers intitulée : *Li orloge amoureus*[1]. Le poète s'efforce de faire ressortir les nombreuses analogies qu'il a découvertes entre le jeu d'une horloge et les sensations qu'éprouve un cœur subjugué par l'amour. La caisse représente le cœur de l'amoureux; la première roue mise au mouvement par le poids, c'est le désir éveillé par beauté et plaisance, etc., etc. Ces ingénieuses comparaisons se poursuivent durant 1174 vers, dont 78 sont consacrés à la description technique, mais fort embrouillée, du mécanisme exécuté par Henri de Vic.

Il semble résulter de ce prétentieux galimatias, que :

1° Le mouvement se composait de trois roues :

---

[1] Dans A. SCHELER, *Poésies de Froissart*, t. I, p. 58.

celle qui supportait le poids et le contre-poids, celle qui communiquait le mouvement au cadran mobile [1], et celle qui constituait l'échappement.

2° Cette dernière roue, taillée en *rochet*, entretenait les oscillations du *foliot* ou balancier, lame d'acier suspendue horizontalement et réglée au moyen de deux poids mobiles appelés *régules*. Le mouvement oscillatoire du foliot se ralentissait ou s'accélérait suivant qu'on éloignait ou qu'on rapprochait de son centre ces deux poids : on pouvait donc ainsi faire à volonté avancer ou retarder l'horloge.

3° Les heures, au nombre de vingt-quatre, étaient représentées par les chiffres 1 à 12 deux fois répétés et gravés sur un cadran fixe. Un second cadran, concentrique et mobile sur son axe, tournait autour du premier ; il était muni d'un style qui, parcourant en vingt-quatre heures toute la circonférence du premier ca-

---

[1] Froissart la nomme *roe journal*, et la décrit ainsi :

> Après affiert à parler dou dyal ;
> Et ce dyal est la roe journal
> Qui, en un jour naturel seulement,
> Se moet et fait un tour precisement
> Ensi que le soleil fait un seul tour
> Entour la terre en un naturel jour.
> En ce dyal, dont grans est li merites,
> Sont les heures vingt et quatre descrites.

dran, indiquait ainsi successivement chacune des heures.

4° La sonnerie ne se composait que de deux roues. La seconde entraînait dans son mouvement de rotation le *volant*, modérateur obligé de tout rouage de sonnerie.

5' L'horloge avait besoin d'être remontée souvent; elle ne pouvait guère marcher plus de sept ou huit heures de suite.

6° Le poids moteur était énorme, et devait peser au moins cinq ou six cents livres.

Je n'ai pas besoin de dire qu'il ne fallait point demander à un chronomètre aussi élémentaire d'indiquer les divisions de l'heure. De celles-ci, au reste, les Parisiens ne se préoccupaient guère; les savants seuls les connaissaient, et encore n'étaient-ils pas bien d'accord sur ce sujet.

Le théologien Raban Maur, qui mourut en 856, nous apprend que de son temps l'heure se divisait en :

4 points.

10 minutes.

15 parties.

40 moments.

60 ostenta.

22,560 atomes [1].

Ce renseignement précieux est confirmé et complété par le grammairien Papias, qui vivait au onzième siècle. L'heure, dit-il, se divise en :

> 5 points.
> 15 parties.
> 40 moments.
> 60 ostenta.
> 22,560 atomes.

On voit que Papias partage l'heure en 5 points au lieu de 4, et qu'il oublie de mentionner les minutes. Elles étaient, d'ailleurs, forcément au nombre de 10, car Papias nous enseigne encore que :

> Le point valait 2 minutes.
> La minute — 1 partie et demie.
> La partie — 2 moments et une fraction.
> Le moment — 1 ostentum et demi.
> L'ostentum — 376 atomes [2].

Le texte porte « atomi CCCLXVI, » mais il est évident qu'il y a là une faute d'impression.

---

[1] *Liber de computo.* Dans les *Miscellanea* d'Étienne BALUZE, édit. Mansi, t. II, p. 65.

[2] *Lexicum*, édit. de 1485, au mot *Atomus.*

Il n'est plus question d'atomes ni d'ostenta dans un comput manuscrit du treizième siècle, qui est cité par M. Littré[1]. On y lit que :

Le jour se divise en 4 quadrans.

Chaque quadran — 6 heures.

— heure — 4 points.

— point — 10 moments.

— . moment — 12 onces.

— once — 47 minutes.

Ce qui revient à dire que l'heure se divise en :

4 points.

40 moments.

480 onces.

5,640 minutes.

En somme, il est bien probable qu'on ne commença à attacher une réelle importance aux divisions de l'heure, qu'après la découverte du pendule, qui permit de mesurer le temps avec une rigoureuse exactitude.

Quelque grossier que fût le mécanisme de l'horloge du Palais, les résultats qu'il donna excitèrent un véritable enthousiasme. On s'ef-

---

[1] Au mot *Minute*.

força aussitôt de l'imiter, et toutes les grandes villes voulurent, dès lors, avoir une horloge publique. Charles V en fit établir une au château de Vincennes qu'il venait d'achever, et à l'hôtel Saint-Paul, vaste résidence d'été où il allait oublier les soucis de la royauté.

Paris possédait donc déjà deux grandes horloges. C'était un progrès sérieux, mais qui limitait ses bienfaits à deux des quartiers de la ville. Charles eut alors une idée excellente : il ordonna que les cloches de chaque église sonneraient les heures comme autant d'horloges [1]. Ainsi, dit le naïf religieux qui m'a révélé ce fait, « luise le soleil ou non, l'on sçait tousjours les heures sans deffaillir par icelles cloches bien attrempées. »

Les troubles qui suivirent la mort de Charles V firent sans doute négliger peu à peu cette sage coutume, à laquelle je ne sache pas qu'on soit jamais revenu. Pendant plusieurs siècles encore,

---

[1] « Et ce a ordonné le roy Charles à Paris les cloches qui à chascune heure sonnent par pointz à manière d'orologe, si comme il appert en son palais royal et à Sainct Pol et au boys de Vincennes. Et a fait faire ce, affin que les religieux et aultres gens saichent les heures. » J. GOLEIN, *Le racional des divins offices* (de Guillaume Durant, évêque de Mende), traduit en français (en 1372, avec d'importantes additions). Paris, Vérard, 1500, in-4°, gothique, f° xx r°.

la vie privée fut donc réglée par les sonneries
ordinaires des exercices religieux, et l'on con-
tinua à employer dans les actes officiels cette
même division du temps. Voici quelques
exemples qui montrent qu'elle était en usage
au quatorzième siècle et qu'on s'en servait
encore au seizième. Une ordonnance de décembre 1320 décide que les membres du Parlement arriveront au Palais « à l'eure que l'on
chante la première messe en la chapelle [1] basse,
et demorront illec continuellement jusques au
midy sonnant [2] en ladite chapelle, sans partir
et sans issir, se n'estoit pour nécessité corpo-
relle [3]. »

Si l'heure doit varier suivant les saisons,
c'est parfois le lever du soleil qui sert de
signal, et les indications sont alors singulièrement vagues. « Nous voulons, dit une ordonnance de février 1327, que les advocats viennent au Chastelet après le soleil levant, l'espace
qu'ils peussent avoir ouy une messe courte [4]. »

L'ordonnance du 22 février 1347, rendue
contre les blasphémateurs, les condamne à être

---

[1] La Sainte-Chapelle.
[2] La sonnerie de *sexte*.
[3] *Ordonnances royales*, t. I, p. 727, art. 1.
[4] *Id.*, t. II, p. 9, art. 24.

exposés au pilori. Le coupable « y demeurera depuis l'heure de prime jusques à l'heure de nones, et luy pourra-t-on jetter aux yeux bouë ou autre ordure, sans pierre ou autre chose qui le blessent [1]. »

La grande ordonnance de janvier 1350 veut que la vente du poisson d'eau douce cesse « à l'heure de midy sonnée ou sceuë à Nostre-Dame [2]. » Elle enjoint aux mesureurs de grains de se trouver : « es halles entre tierce et midy ; en Grève, à l'eure que prime à Nostre-Dame sera toute sonnée ; au marché de la Juifverie, entre prime et tierce [3]. »

La Faculté des arts [4], réunie en assemblée générale le 18 mai 1367, à l'heure de prime, arrête que les leçons commenceront désormais quand les Carmes de la place Maubert sonneront leur première messe, « in pulsu campanæ vel clinketi Carmelitarum ad primam missam apud eos celebrandam [5]. » Cette première

[1] *Ordonnances royales*, t. II, p. 283.
[2] *Id.*, t. II, p. 362.
[3] *Ordonnance du 30 janvier* 1350, titre V, art. 50.
[4] Jusqu'à la Révolution, la Faculté des arts représenta nos Facultés actuelles des lettres et des sciences. En 1367, la Faculté de médecine, qui allait se séparer d'elle, en dépendait encore.
[5] DuBOULAY, *Historia universitatis parisiensis*, t. IV, p. 413.

messe se célébrait à cinq heures du matin; les professeurs méritaient donc bien le titre de *legentes de mane* qui leur était donné déjà au treizième siècle. Mais à cette époque, on se couchait de bonne heure et on se levait de même.

L'article 27 des statuts rédigés en 1403 par les tissutiers-rubaniers[1] défend aux ouvriers d'arriver le matin à l'atelier « jusques à tant que la première messe sonnera. » On lit encore dans les statuts du collège de la Marche, renouvelés en 1423 : « Les portes d'iceluy collège seront fermées au coup de queuvrefeu de Saint-Benoist, et ouvertes au matin au cliquet et son de la cloche des Jacobins[2]. » Lors de la réforme de l'Université en 1452, le

---

[1] Au treizième siècle, ils se nommaient *laceurs*. Ils fabriquaient des cordons, des rubans de fil et de soie destinés à flotter sur les harnais, à suspendre au côté l'aumônière ou le flacon, à fixer aux lettres patentes les sceaux de cire (voy. le *Livre des métiers*, titre XXXIV). Au siècle suivant, ils prirent le nom de *dorelotiers*, du mot *dorelot*, qui signifiait parure, ruban, bijou. Les tissutiers-rubaniers étaient dits aussi *Ouvriers de la petite navette*, pour les distinguer des drapiers d'or et de soie, qui étaient qualifiés *Ouvriers de la grande navette*. Ces deux corporations furent, à diverses reprises, réunies puis séparées.

[2] Voy. DUCANGE, *Glossarium*, au mot *Cliquetum*. Ces statuts ne figurent ni dans DUBOULAY, ni dans Richard DE WASSEBOURG.

cardinal d'Estouteville voulant faire revivre les anciens usages, prescrivit aux professeurs d'avoir terminé leurs leçons quand sonnerait le coup de prime à Notre-Dame, « ad pulsum horæ primæ in ecclesia parisiensi[1]. » Enfin, dans leurs statuts de juillet 1566, les couvreurs enjoignent encore aux ouvriers de « laisser l'ouvrage » les veilles des fêtes solennelles « au premier coup de vespres sonnant de la paroisse où ils travailleront[2]. »

L'exactitude des horloges était cependant passée depuis longtemps en proverbe, puisque Villon écrivait vers 1460 :

Aussi juste comme l'orloge
Ils entrèrent dedans leur loge[3].

On était aussi parvenu déjà à réduire assez la dimension de ces machines pour les rendre portatives, et dès 1481 Louis XI voulut en avoir une qui pût le suivre dans ses nombreux déplacements. On lit, en effet, parmi les dépenses faites en son nom au cours de cette année : « A Jean de Paris, orlogeur, pour une orloge où il y a un cadran, et sonne les heures,

[1] DUBOULAY, *Historia universitatis*, t. V, p. 567.
[2] Article 10.
[3] Septième *repue franche*.

4.

garnie de tout ce qui luy appartient; laquelle
le Roy a fait prandre et achecter de luy pour
porter avec luy par tous les lieux où il yra [1]. »
Cette horloge était renfermée dans une malle
qu'on plaçait sur le dos d'un cheval; Martin
Guerier, conducteur de l'animal, touchait par
jour cinq sous tournois pour lui et sa mon-
ture [2].

Les premières horloges d'appartement furent
d'abord des objets de haute curiosité, recherchés
surtout par les riches seigneurs, par les maisons religieuses et par les savants. Le célèbre
astronome Walther fut, croit-on, le premier
particulier qui ait possédé une horloge en son
logis. Lui-même nous apprend qu'en 1484, il
en avait une à Nuremberg, qui donnait exactement l'heure d'un midi à l'autre [3]. Ces horloges se suspendaient contre les murs. Souvent
aussi, elles reposaient sur un piédestal de bois
sculpté, où des trous étaient pratiqués pour
laisser un libre passage aux cordes qui soute-
naient les poids.

C'étaient encore là des raretés à la fin du

---

[1] Douet-d'Arcq, *Comptes de l'hôtel des rois de France,*
p. 388.
[2] A. Jal, *Dictionnaire de biographie et d'histoire,* p. 686.
[3] Bailly, *Histoire de l'astronomie moderne,* t. I, p. 321.

siècle, et les instruments primitifs destinés à indiquer les heures n'avaient pas cessé d'être en usage. M. Viollet-le-Duc affirme[1] même qu'il existe au musée de Cluny une lampe[2] datant du quinzième siècle, « dont le récipient de verre est gravé et donnait ainsi la mesure du temps. »

On fabriqua des clepsydres jusqu'au milieu du dix-septième siècle[3]. Mais le sablier, de construction plus simple, était beaucoup plus employé. Olivier de la Marche raconte ainsi un épisode des fêtes données en 1475 à l'occasion du mariage de Charles le Téméraire : « Aussi tost qu'ils eurent d'un costé et d'autre les lances sur la cuisse, le nain qui estoit sur le perron drecea son horologe qui estoit de verre, plein de sablon, portant le cours d'une grande demye heure, et puis sonna sa trompe, tellement que les deux chevaliers le peurent ouyr. Si mirent les lances es arrests, et commencèrent leur jouste... Ainsi se passa la demye heure, que tout le sablon fut coulé[4]. » Le choix du sablon

---

[1] *Dictionnaire du mobilier*, t. II, p. 126.

[2] Je l'ai vainement cherchée sur le catalogue d'abord, puis dans les salles du musée.

[3] Voy. D. MARTINELLI, *Horologi elementari*, Venise, 1669, in-4°, et OZANAM, *Récréations mathématiques*, t. II et III.

[4] *Mémoires*, édition Michaud, t. III, p. 530.

n'était pas indifférent, et sa préparation exigeait beaucoup de soins. Le meilleur était formé de sciure de marbre noir, qu'on faisait bouillir neuf fois de suite dans du vin, en observant de l'écumer sans cesse et de le laisser chaque fois bien sécher au soleil [1].

Pour connaître l'heure pendant la nuit, les bergers se servaient d'une sorte de fil à plomb qu'ils tenaient tendu verticalement en face de l'étoile polaire. Le calendrier des bergers explique ce procédé d'une façon peu claire [2], et comme personne ne sera sans doute tenté d'y recourir, je me borne à reproduire ici le berger en position.

[1] *Le ménagier de Paris*, t. II, p. **257**.

[2] « Par la figure presente, on peult congnoistre les heures par nuit en la manière qui s'ensuit. Soit congneue l'estoille que nous appellons le pomeau des cielx : droit desoubz elle le soleil est à heure de minuit, et l'endroit de l'estoille sur la terre nous appellons angle de la terre. Lequel, quant nous voulons veoir à leul (l'œil), regardons nostre pomeau, comme je faiz. Lors, le bout bas de ma corde est l'angle de la terre, et quant il est minuit le soleil est droit desoubz... » *Le Kalendrier des bergiers, imprimé à Paris par Guiot Marchant, demorant ou Champ gaillart, derrier le college de Navarre, et fut fait le second iour de may mil quatre cens quatre vingtz et unze.*

BERGER INTERROGEANT LE CIEL.

Quinzième siècle.

MÉCANISME DE L'HORLOGE DU PALAIS
au seizième siècle.

IV

La construction des horloges reçut d'importants perfectionnements pendant le seizième siècle, époque où l'on vit apparaitre les réveils et les montres. Pour donner une idée des progrès réalisés dans cette voie, je vais décrire le mécanisme qui animait alors l'horloge si grossièrement exécutée au quatorzième siècle par Henri de Vic[1].

Il est représenté par les figures ci-contre.

Le poids A est suspendu à une corde qui s'enroule sur le cylindre B, soutenu lui-même par l'axe aa, que terminent les pivots bb. Au cylindre B est attachée une roue F taillée en rochet (voy. fig. 1), et dont les dents arc-boutent contre le cliquet c; celui-ci, mobile sur une vis, est pressé par le ressort d qui le ramène dans les dents du rochet quand il en a été écarté, c'est-à-dire pendant que l'on

---

[1] Il a été entièrement refait par Henri Lepaute en 1852.

remonte le poids. L'action du poids est ainsi transmise à la roue G, qui engrène dans le pignon *e*, et communique dès lors le mouvement à la roue HH. Celle-ci, à son tour, engrène dans le pignon *g*, qui fait agir la roue II.

Nous voici arrivés à la pièce principale du mécanisme, à l'*échappement*. La roue II, dite *roue de rencontre* ou *roue d'échappement*, rencontre successivement les deux palettes *hi*; elles tiennent à l'axe vertical KK, mobile sur deux pivots, et qui porte le balancier LL. Ce balancier, suspendu par le cordon M, reçoit son mouvement alternatif par l'action de la roue II sur les palettes, car lorsqu'une dent de la roue a écarté la palette *h*, la palette *i* se présente à une dent opposée, qui l'écarte à son tour. Le balancier reçoit ainsi des impulsions successives et en sens contraire : il va et revient sur lui-même, formant des vibrations qui modèrent et règlent la vitesse de la roue II, et par conséquent des roues HH et GG. Les poids que supporte le balancier servent à le régler lui-même : à mesure qu'on les rapproche du centre, le mouvement s'accélère et augmente ainsi la vitesse des roues, ce qui permet de retarder l'horloge et de l'avancer.

La roue GG opère une révolution par heure ;

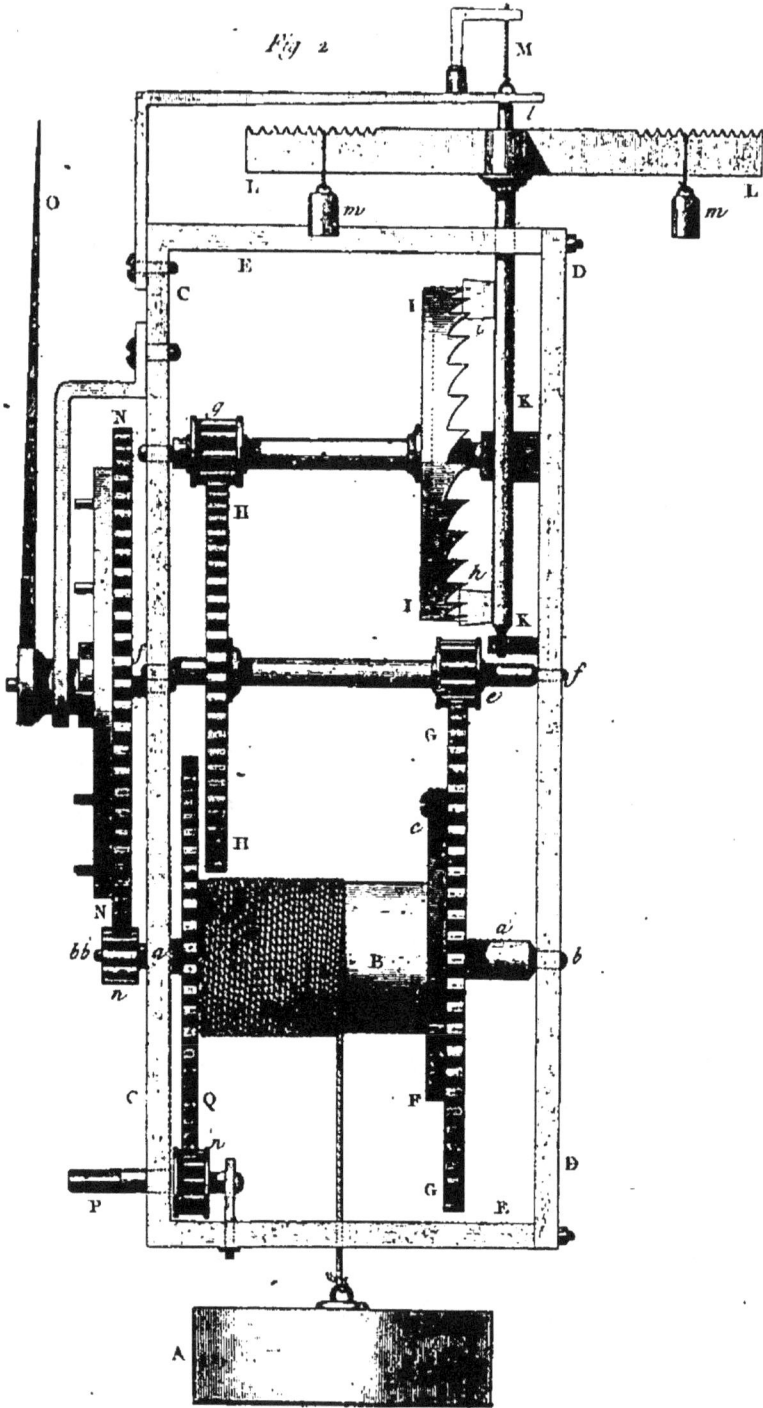

Fig. 2

MÉCANISME DE L'HORLOGE DU PALAIS
au seizième siècle.

son pignon *bb*, composé de douze dents, fait donc faire en douze heures un tour complet à la roue NN, dont l'axe porte l'aiguille O qui marque les heures sur le cadran. La roue Q, dont je n'ai pas parlé, sert à remonter le poids, au moyen du pignon *n*, dans le pivot P duquel entre la clef de l'horloge.

Pour créer une horloge vraiment portative ou une montre, il fallait donc arriver, d'abord à trouver un autre moteur que le poids, ensuite à établir un balancier qui conservât son mouvement dans toutes les positions. On reconnut qu'il suffisait, pour obtenir ce résultat, de supprimer le cordon qui soutenait le balancier, et de laisser celui-ci libre sur son pivot. Quant au poids, on le remplaça par un ressort plié en spirale et qui, se déroulant peu à peu, conserve pendant plusieurs heures une puissance assez grande pour faire marcher tout le mécanisme. Une corde de boyau [1] transmit le mouvement du ressort à la première roue. On obtint ainsi des instruments encore assez lourds, mais moins embarrassants que les horloges, et auxquels leur forme presque ovoïde fit donner le nom d'œufs.

[1] Un habile horloger, nommé Gruet, les remplaça plus tard par des chaînes en acier.

Je n'ai pas besoin de dire que dans tout ce qui précède, j'ai restreint ma description à l'essentiel. Je n'ai point mentionné la théorie des engrenages. J'ai aussi passé sous silence l'admirable invention de la *fusée*, destinée à rendre l'action du ressort toujours égale, quel que soit son degré de tension, aussi bien quand il est presque entièrement déroulé que quand il vient d'être retendu. Le ressort et la fusée sont originaires d'Allemagne, sans doute de Nuremberg; mais ils ne tardèrent pas à être introduits en France. En 1523, François Ier se faisait livrer par son horlogeur, Julien Couldray, « deux monstres d'horloge *sans contrepoix* pour le service de sa chambre [1]. » Ces chronomètres étaient cependant assez rares encore vingt ans plus tard, car après la bataille de Cerisoles, une montre ayant été trouvée dans le butin fait sur l'ennemi, on la porta aussitôt au roi [2].

Au cours de cette même année les horlo-gers de Paris furent enfin constitués en communauté. Jusque-là, la fabrication des instruments destinés à mesurer le temps était restée libre, mais elle s'était tout naturellement concentrée entre les mains de quelques

[1] *Bibliothèque de l'École des chartes*, année 1865, p. 274.
[2] BRANTÔME, *OEuvres*, édit. Lalanne, t. III, p. 216.

L'HORLOGER.
D'après Jost Amman.

Seizième siècle.

ouvriers habiles à travailler les métaux. On
lit, en effet, dans les *Comptes de l'hôtel* [1], à la
date de 1380 : « A Robert d'Oregny, fèvre [2],
pour appareiller l'oreloge du Roy qui estoit
despécié, 16 s. p. ; » et dans un compte de
1407 : « A Jehan d'Alemaigne, serrurier,
pour un mouvement ou petite orloge acheté de
lui pour mettre en la chambre de Madame [3]. »

En 1544, sept industriels [4] qui avaient fait
de la fabrication des horloges leur spécialité,
présentèrent requête à François Ier, le suppliant
de les constituer en communauté. Ils expo-
saient au roi combien il était nécessaire « pour
le bien public, qu'il y ayt personnages expers,
cognoissans et sachans seurement l'ouvrage et
besogne ou art et mestier de l'orlogeur, et
qu'ilz facent iceulx ouvrages de bonnes matières
et estoffes [5], pour obvier aux abus, mal fasons,
faultes et négligences qui journellement estoient
et sont faictes et commises par plusieurs dudit

---

[1] Publiés par DOUET-D'ARCQ, p. 176.
[2] Terme générique qui désignait tous les ouvriers travaillant les métaux. C'est de là qu'est venu le mot *orfèvre*.
[3] DE LABORDE, *Notice des émaux*, t. II, p. 415.
[4] Voici leurs noms : Fleurent Valleran, Jean de Presles,
Jean Pantin, Michel Potier, Anthoine Beauvais, Nicolas
Moret et Nicolas Le Contandois.
[5] Matières premières.

mestier d'orlogeur... tellement que les orloges ainsy mal faictes ne vont de mesure, et sy ne peuvent estre rabillez, et ceux qui y employent leur argent le perdent [1]. »

Des lettres patentes, datées de Saint-Maur-des-Fossés et accordées au mois de juillet, donnèrent ainsi satisfaction à la demande des horlogers :

La durée de l'apprentissage était fixée à six ans [2].

Chaque maître ne pouvait avoir à la fois plus d'un apprenti. Il lui était cependant permis d'en prendre un second quand le premier avait achevé sa quatrième année d'apprentissage [3].

Avant d'engager un apprenti ou un ouvrier ayant déjà servi, il fallait s'assurer que leur dernier maître n'avait pas eu à se plaindre d'eux [4].

Tout compagnon, avant d'être admis à la maîtrise, devait parfaire le *chef-d'œuvre* [5]. Les fils de maître étaient astreints seulement à l'*expé-*

---

[1] Bibliothèque nationale, manuscrits français, n° 21795, f° 182. — Je donne plus loin (p. 102 et s.) un commentaire applicable à ces statuts, dont on trouvera le texte, p. 179.

[2] Article 3.

[3] Article 4.

[4] Article 5.

[5] Article 6.

rience [1], épreuve beaucoup moins compliquée.

Tout maître devait tenir « boutique et ouvrouer [2] ouvert répondant sur rue [3]. »

Les maîtres pouvaient seuls « faire horloges ou réveils matin, montres grosses ne menues, ne autres ouvrages dudit mestier d'orlogeurs [4]. »

Chaque maître était tenu d'appliquer sur tous les objets fabriqués par lui une marque spéciale et personnelle [5].

La corporation était administrée par deux jurés, élus pour deux ans [6].

Les jurés devaient visiter toute marchandise d'horlogerie apportée par des marchands forains ou mise en vente par des merciers [7].

Ces premiers statuts furent confirmés sans changement par Charles IX en novembre 1572, et vingt-quatre ans après, le nombre des horlogers établis à Paris était de vingt-deux [8].

Dès le milieu du seizième siècle, on voit les

[1] Article 7.
[2] Atelier.
[3] Article 8.
[4] Article 10.
[5] Article 11.
[6] Articles 1 et 2.
[7] Articles 12 et 13.
[8] Voy. le *Bulletin de la Société de l'histoire de Paris,* année 1885, p. 166.

montres affecter les formes les plus diverses.
On les fit rondes, ovales, hexagonales, rectan-
gulaires, sphériques; on leur donna l'appa-
rence d'une coquille, d'une étoile, d'un livre,
d'une olive, d'un cœur, d'une fleur de lis,
d'un gland, d'une poire, d'une tête de
mort, d'une croix de Malte ou d'une croix
latine [1]. Bijoux destinés à faire partie de
la toilette et à rester en vue, on eut des
montres couvertes de fines miniatures, des
montres de cristal, d'argent émaillé, de ver-
meil et d'or [2]. Les grandes dames, les gentilshommes portaient leur montre pendue au
cou par un cordon ou une chaîne, et étalée
sur la poitrine. Lestoile raconte, à la date du
3 mars 1588, « qu'un jeune garson de Nor-
mandie, aiant esté surpris, coupant la monstre
d'orloge d'un gentilhomme, qu'il portoit au
col, » fut aussitôt pendu.

En général, ces montres variaient à peu
près d'un quart d'heure par jour. On en fabriqua de si petites, que les femmes s'en servaient
comme pendants d'oreilles [3]. Anne de Dane-

---

[1] Toutes ces formes sont représentées dans la belle collection de montres qu'a réunie M. Paul Garnier.

[2] Voy. le *Catalogue de la collection Soltykoff*, p. 111 et s.

[3] J. ALEXANDRE, *Traité général des horloges*, p. 239.

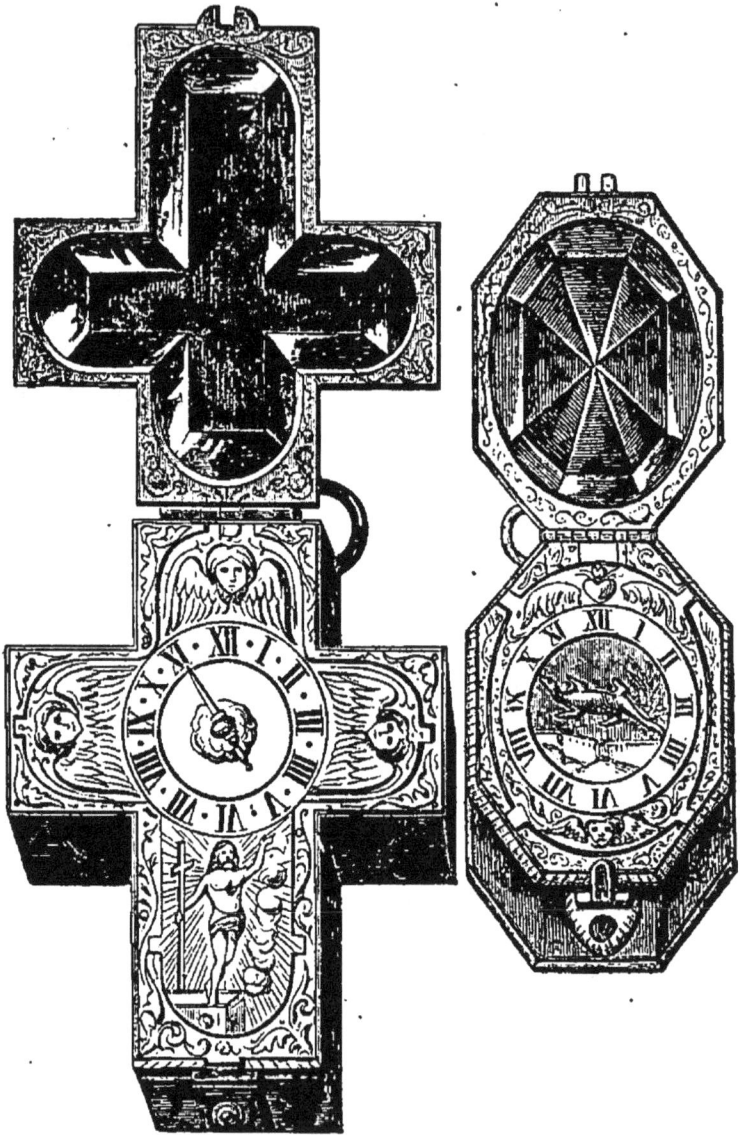

MONTRES DU SEIZIÈME SIÈCLE.

PETITE HORLOGE D'APPARTEMENT.
Seizième siècle.

mark, mariée en 1589 à Jacques I", roi d'Angleterre, possédait une bague dont le chaton
de cristal contenait une montre « qui sonnoit
les heures, non pas à la vérité sur un timbre,
mais sur le doigt, que le marteau frappoit doucement par de légères piqûres[1]. » Derham[2] dit
avoir vu une montre qui avait appartenu à
Henri VIII, et qui marchait pendant une semaine sans être remontée; particularité d'autant plus remarquable que la plupart des montres
fabriquées à cette époque doivent être remontées toutes les six heures. Dans l'inventaire des
meubles de Gabrielle d'Estrées, dressé en 1599,
figure « une monstre d'or, fort belle, avec une
quantité de diamans et de rubiz, une grande
[chaîne] au bout, où il y a au milieu une roze
de diamans, formée en triangle de rubiz[3]. »

Rien de plus gracieux que les horloges
d'appartement exécutées au seizième siècle,
et dont quelques-unes indiquent non-seulement les heures, mais encore les jours, les
quantièmes, et même les phases de la lune.
L'art de l'orfèvre et la science de l'horloger y

---

[1] Abbé ARNAULD, *Mémoires*, édit. Michaud, t. XXIII,
p. 527.
[2] *Traité d'horlogerie*, p. 166.
[3] *Bibliothèque de l'École des chartes*, année 1841, p. 168.

rivalisent pour en faire de véritables merveilles. Toutes les pièces du mécanisme sont très-finement travaillées; et la boîte, en cuivre, en argent ou même en or, rappelle l'architecture de la Renaissance. C'est, le plus souvent, un petit monument rectangulaire, soutenu aux angles par des colonnettes ou des cariatides, et surmonté d'un dôme découpé à jour; tout cela est couvert d'ornements ciselés, gravés, niellés, damasquinés avec une rare perfection [1].

Avant d'abandonner le seizième siècle, je dois dire un mot des modifications qui furent, pendant cette période, apportées au calendrier.

On se décida, sous Charles IX, à imposer à toute la France une date uniforme pour le commencement de l'année, et l'article 39 de l'édit de janvier 1563 le fixa au 1ᵉʳ janvier : « Voulons et ordonnons, dit le roi, qu'en tous actes, registres, instrumens, contrats, ordonnances, édits, lettres tant patentes que missives, et toute écriture privée, l'année commence doresnavant et soit comptée du premier jour de ce mois de janvier [2]. » On eût pu choi-

[1] Voy. le *Catalogue de la collection Soltykoff*, p. 107 et suiv.
[2] Dans Isambert, *Anciennes lois françaises*, t. XIV, p. 169.

sir, pour inaugurer l'année, une saison moins
froide et moins morose, et surtout il eût fallu
en même temps changer le nom des quatre
derniers mois. On n'y pensa point, ou bien
l'on hésita à troubler les habitudes prises; de
sorte que septembre, octobre, novembre et
décembre, qui indiquaient bien auparavant les
septième, huitième, neuvième et dixième
mois, se virent, en dépit de l'étymologie, for-
cés de désigner les neuvième, dixième, onzième
et douzième. L'édit, au reste, rencontra une
vive opposition, et le Parlement, qui avait
d'abord refusé de l'enregistrer, ne se soumit
qu'au mois de janvier 1567. L'année 1566,
commencée à Pâques le 14 avril et terminée
le 31 décembre, n'eut donc que huit mois et
dix-sept jours.

Une réforme plus importante et mieux com-
prise fut opérée quinze ans après.

L'année solaire a pour valeur exacte 365 jours
242264, et Jules César lui avait donné 365 jours
25, soit 0 jour 007736 en trop. Cette différence, si imperceptible qu'elle paraisse, pro-
duisait pourtant un peu plus de 3 jours d'erreur tous les 400 ans. L'équinoxe de printemps,
qui sert à déterminer la date de Pâques, et
qui au début tombait le 21 mars, recula ainsi

peu à peu, et finit par rétrograder jusqu'au
11 mars. Bède, J. d'Holywood, Bacon et bien
d'autres, avaient remarqué et signalé cette irré-
gularité. Grégoire XIII résolut de la corriger,
et dans cette intention il fit appel aux plus
illustres mathématiciens de son temps.

En 1582, l'équinoxe de printemps était en
retard de dix jours; une bulle du pape süp-
prima dix jours dans l'année, et décida que le
lendemain du 4 octobre serait non pas le 5,
mais le 15 octobre. « Nous ostons et abolis-
sons totalement le vieil kalendrier, écrivait
Grégoire XIII, et voulons que tous Patriarches,
Primatz, Archevesques, Evesques, Abbés et
autres recteurs des Eglises introduisent ce
nouveau kalendrier, auquel est accommodé la
manière du martyrologe, pour réciter les divins offices et célébrer les festes en chacunes
leurs églises..... L'usage duquel commencera
après ces dix jours ostés du mois d'octobre
l'an 1582. Et quant à ceux qui habitent aux
régions si lointaines qu'ils ne puissent avoir
la cognoissance de nos présentes lettres devant
le temps par nous ordonné, leur soit licite
toutesfois au mesme mois d'octobre de l'an
ensuyvant 1583 ou d'un autre an [1]. »

[1] *Kalendrier grégorien perpétuel, traduit de latin en*

Cette dernière prescription ne fut pas rigoureusement observée en France. La bulle y arriva vers la fin d'octobre, et l'on ne voulut point attendre un an avant d'effectuer la réforme introduite par le pape. Une ordonnance du 3 novembre 1582 enjoignit donc de passer sans transition du 9 au 20 décembre [1], et Lestoile enregistra, en ces termes le fait dans son journal : « En ce mois de décembre 1582, fut confirmée par édit, ordonnance et déclaration du Roy, la réformation du kalendrier faite par

françois par J. Gosselin, garde de la librairie du Roy. Paris, 1583, in-4°, p. 10.

[1] « Nous voulons et ordonnons qu'estant le neufième jour du mois de décembre prochain expiré, le lendemain que l'on compteroit le dixième, soit tenu et nombré par tous les endroits de nostre Royaume le vingtième jour dudit mois; le lendemain vingtunième, auquel se célébrera la feste sainct Thomas; le jour d'après sera le vingtdeuxième, le lendemain vingttroisième, et le jour ensuyvant vingtquatrième. De sorte que le jour d'après, qui autrement et selon le premier Calendrier eust esté le quinzième, soit compté le vingtcinquième, et en iceluy célébré et solemnisée la feste de Noel. Et que l'année présente finisse six jours après ladite feste, et là prochaine, que l'on comptera mil cinq cens quatre vingts et trois, commence le septiesme jour après la célébration d'icelle feste de Noel. Laquelle année et autres subséquentes auront après leur cours entier et complet comme devant. » _Ordonnance du Roy touchant un calendrier ecclésiastique nouveau, envoyé par nostre sainct père le Pape à sa Majesté, pour le faire publier par tout son Royaume._ Paris, 1582, in-12.

le Pape, pour le retranchement de dix jours;
tellement que le 10 décembre on compta 20,
sans toutefois que pour l'abbréviation de dix
jours les débiteurs peussent estre contraints
par leurs créanciers, sinon qu'autant de jours
après le terme escheu[1]. »

Cette réforme fut acceptée d'autant plus
facilement que, depuis le quinzième siècle,
l'usage s'était généralisé de dater en indiquant
le mois et le quantième, comme nous le faisons
aujourd'hui. Rien, d'ailleurs, n'avait été mo-
difié dans le calendrier des fêtes religieuses; je
n'ajouterai donc guère aux détails que j'ai
donnés plus haut sur ce sujet.

Pâques, la Pentecôte, la Toussaint et Noël
étaient toujours « les quatre bonnes festes[2]. »

Mardi était devenu, dans la langue populaire, un juron dérivé de *mordieu* .

> Voilà bien des façons, je vous l'ai dit souvent.
> Et mardy, mettez-moi cela dans un couvent[3] !

Le jeudi les écoliers avaient une demi-jour-
née de congé[4].

---

[1] *Journal du règne de Henri III*, édit. Michaud, t. XIV,
p. 155.

[2] Bon. Desperiers, 45ᵉ *Nouvelle*, édit. elzév., t. II,
p. 178.

[3] Hauteroche, *Les bourgeoises de qualité*, acte II, sc. i.

[4] Noel du Fail, 25ᵉ *Conte*, édit. elzév., t. II, p. 187.

PETITE HORLOGE D'APPARTEMENT,

Seizième siècle.

Le vendredi était toujours considéré comme
un jour néfaste, prévention qui subsistait encore au dix-huitième siècle. Le 6 septembre 1715, le roi devait venir au Parlement
tenir un lit de justice; « mais les dames de la
cour firent entendre que cela ne se pouvoit
point, parce qu'en France on n'entreprenoit
et on ne faisoit rien de grand ni de solennel
le vendredi [1]. » En 1744, il fallut rendre une
ordonnance pour forcer les marins à mettre à
la voile le vendredi [2].

Enfin, on prétendait que le samedi, jour
consacré à la Vierge, ne s'achevait jamais sans
que le soleil se fût montré [3].

La plupart des montres construites au seizième et au début du dix-septième siècle sonnaient *en passant*, comme les horloges. On en
trouverait au besoin la preuve dans la comédie du *Menteur* [4], qui fut écrite en 1642.
Orphise, surprise par l'arrivée de son père,
cache Dorante dans sa ruelle et s'efforce d'éloi-
gner le vieillard. Celui-ci va se retirer, lorsque
la montre de l'amoureux se met à sonner :

---

[1] MATH. MARAIS, *Journal*, t. I, p. 187.
[2] Duc DE LUYNES, *Mémoires*, avril 1744, t. V, p. 405.
[3] BRANTÔME, *Des dames*, édit. Lalanne, t. IX, p. 22.
[4] Acte II, scène v.

Le bonhomme partoit quand ma montre sonna;
Et lui, se retournant vers sa fille étonnée :
« Depuis quand cette montre, et qui vous l'a donnée?
— Acaste, mon cousin, me la vient d'envoyer,
Dit-elle, et veut ici la faire nettoyer,
N'ayant point d'horlogiers [1] au lieu de sa demeure :
Elle a déjà sonné deux fois en un quart d'heure.
— Donnez-la-moi, dit-il, j'en prendrai mieux le soin. »
Alors pour me la prendre elle vient en mon coin :
Je la lui donne en main; mais, voyez ma disgrâce,
Avec mon pistolet le cordon s'embarrasse,
Fait marcher le déclin [2]; le feu prend, le coup part.

Ces montres avaient, d'ailleurs, assez de prix encore pour que même de grands seigneurs fussent tentés de les voler. Tallemant des Réaux raconte que Gaston d'Orléans, étant à son lever, s'aperçut qu'on venait de lui dérober « une monstre sonnante qu'il aimoit fort. » Quelqu'un lui dit : « Il faut fermer les portes et fouiller tout le monde. » Gaston, par hasard, fit ce jour-là preuve d'esprit et de cœur : « Au contraire, dit-il, messieurs, sortez tous, de peur que la monstre ne vienne à sonner et à descouvrir celuy qui s'en est accommodé [3]. » La sonnerie des montres jouait donc un grand rôle dans la vie privée de ce temps. Un code

[1] Sic.

[2] Sic.

[3] Historiettes, t. II, p. 282. — Voy. aussi, t. VII, p. 517, une histoire du même genre, mais qui ne peut être racontée ici.

du bon ton publié en 1644, déclare que ce bruit trouble la conversation. Comme, d'un autre côté, il était interdit de consulter sa montre en société, un homme du monde devait en posséder une qui permît de reconnaître les heures par la pression du doigt sur le cadran : « Ceux qui ont une monstre sur eux, où ils regardent les heures, les demies heures et les quarts d'heures, s'en peuvent quelquefois servir pour la mesure de leur contenance et de leur visite. Néantmoins cela sent trop son homme d'affaires d'y regarder en présence de chacun; de plus, cela est désobligeant envers les personnes chez qui vous estes, d'autant qu'il semble que vous ayez promis ailleurs, et qu'il vous tarde d'y aller. Pour les monstres sonnantes, elles sont fort incommodes, à cause qu'elles interrompent la conversation. C'est pourquoy il faudroit mettre en usage de certaines monstres nouvelles, où les marques des heures et des demies heures fussent si relevées qu'en les tastant du doigt on les pût reconnoistre sans qu'il fût besoin de les tirer de sa poche pour les regarder [1]. » Sur beaucoup de

---

[1] *Les loix de la galanterie* (1644), dans le *Recueil des pièces en prose les plus agréables de ce temps,* édit. de 1650, p. 84.

montres exécutées au début du dix-septième siècle, on remarque en effet auprès de chaque heure un petit bouton saillant, pouvant permettre de compter les heures à partir de l'aiguille, qui était seule et présentait une assez grande résistance.

Tous les Bourbons ont eu un faible pour l'horlogerie. A cinq ans, Louis XIII s'amusait « à monter la montre triangulaire de madame de Montglat [1]. » Au mois de janvier 1606, il reçut comme étrennes « une montre d'horloge et une paire de petits couteaux [2]. » Dès l'âge de onze ans, il avait un sablier, un réveil-matin qu'il réglait lui-même, et plusieurs montres : l'une d'entre elles était couverte de diamants [3].

L'histoire a conservé les noms de plusieurs des hommes habiles qui, depuis le seizième siècle, devinrent célèbres dans leur art. Parmi ceux qui portèrent le titre d'horloger du roi ou de la reine, on peut citer :

[1] J. Héroard, *Journal sur l'enfance et la jeunesse de Louis XIII*, 30 juin 1605.
[2] J. Héroard, t. I, p. 169.
[3] *Ib.*, t. I, p. 359 et 384 ; t. II, p. 69.

Sous Louis XII :

Julien Couldray, qui fut aussi horloger de François Ier.

Sous François Ier :

Michaud Bertrand.
Guillaume Couldray.
Jean du Jardin.

Sous Henri II :

Bernardin Abatti.
Jean Petit.

Sous Charles IX :

Gilbert Martinot. Il fut aussi horloger de Henri III.

Sous Henri III :

Maurice-Bernard Ferry.
Garaudran, horloger de Catherine.
Jean Gaucher.

Sous Henri IV :

Greban. Sa femme, soupçonnée d'être hugue-note, fut assassinée par un ligueur [1].

[1] Voy. Lestoile, *Journal de Henri IV*, 25 mars 1594.

6.

Abraham de la Garde.

Denis Martinot.

Ces deux derniers furent aussi horlogers de Louis XIII.

Sous Louis XIII :

Antoine Ferrier.

Guillaume Ferrier.

Antoine Femeritté.

Claude Bidault.

Zacharie Martinot.

Ces deux derniers furent aussi horlogers de Louis XIV [1].

En 1646, les horlogers rédigèrent de nouveaux statuts, qui leur furent accordés par lettres patentes du 20 février [2].

Les maîtres peuvent désormais avoir autant d'apprentis qu'ils voudront, mais le nombre des maîtres est limité à soixante-douze, et lorsqu'il se produit une vacance, les fils de maître doivent toujours être préférés aux autres apprentis [3].

---

[1] Voy. A. JAL, *Dictionnaire de biographie*, p. 686.

[2] Bibliothèque nationale, manuscrits, fonds français, n° 21795, f° 191. — Voy. ci-dessous, p. 189.

[3] Article 7.

La durée de l'apprentissage [1] est fixée à huit ans au lieu de six [2].

Pour être reçu maître avant l'expiration des six années, il fallait une décision royale. André-Charles Caron, père de Beaumarchais, devint ainsi maître horloger sans avoir servi pendant le temps voulu comme apprenti. Dans la requête qu'il adressa au roi pour obtenir cette faveur, il fit valoir son titre d'apostat. Il était en effet protestant, comme son père Daniel Caron, horloger établi à Lizy-sur-Ourcq, et avait abjuré le 7 mars 1721. Beaumarchais naquit donc catholique d'un père protestant rentré dans le giron de l'Église [3].

En dehors de ses apprentis, chaque maître peut avoir un *alloué* [4], engagé pour le temps et aux conditions stipulés entre les parties [5].

Le plus souvent, *alloué* était synonyme d'*apprenti*. On nommait donc ainsi le jeune garçon qui, placé chez un maître, prenait l'en-

---

[1] Voy. ci-dessous, p. 203, la formule d'un contrat d'apprentissage.

[2] Article 3.

[3] Voy. L. DE LOMÉNIE, *Beaumarchais et son temps*, t. I, p. 21 et suiv.

[4] Voy. ci-dessous, p. 199, la formule du contrat d'engagement d'un alloué.

[5] Article 20.

gagement de passer à son service le nombre
d'années exigées par les statuts pour devenir
compagnon attendant maîtrise, être admis à
l'épreuve du *chef-d'œuvre*, et pouvoir briguer
le titre de maître. Exceptionnellement, ce nom
était donné, soit au compagnon embauché
pour un laps de temps déterminé ; soit, comme
dans le cas prévu ici par l'article 20, au jeune
homme qui désirait apprendre le métier et
bornait son ambition à devenir compagnon ;
ce dernier, n'ayant pas fait un apprentissage
régulier, n'était pas admis au chef-d'œuvre,
et ne pouvait jamais aspirer à la maîtrise. Une
sentence du prévôt de Paris, en date du 3 décembre 1633, défendit aux orfévres d'avoir
aucun alloué de ce genre, la corporation crai-
gnant qu'ils ne fussent tentés de les faire passer pour apprentis [1]. Au seizième siècle, les
ouvriers sont souvent appelés *gens mécaniques*.
Ducange [2] cite un arrêt de 1416, dans lequel
le mot *mecanici* est déjà pris en ce sens ; et
une lettre de François II en 1559 renferme
l'expression *gens mécaniques*. Nicolas Poulain,
dans son *Procès-verbal de la Ligue*, dit qu'il y

[1] Voy. LEROY, *Statuts et priviléges du corps des orfévres,*
p. 50.

[2] Au mot *Mecanicus.*

avait à Paris en 1587 « une grande quantité
de voleurs et gens mécaniques, qui passoit le
nombre de six, voire de sept mille [1]. » Enfin,
dans *Les tromperies* de P. de Larivey, comédie
écrite vers 1611, le médecin déguisé en maçon
dit à Adrian : « Cest habit sent trop son méca-
nicque, je ne voudrois pas pour je ne sçay
combien qu'il fust sceu [2]. »

Un compagnon n'est admis à changer de
maître qu'avec le consentement de celui qui
l'emploie. S'il abandonne l'atelier, il doit sortir
de Paris, et n'y rentrer que trois mois après [3].

Les jeunes gens ayant fait leur apprentissage à Paris peuvent seuls aspirer à la maîtrise [4].

C'était une règle à peu près générale dans
les corporations de n'admettre à la maîtrise
que les apprentis de Paris [5]. Un relieur,
nommé Pierre des Vignes, ayant été reçu
maître, bien qu'il eût fait son apprentissage

---

[1] Petitot, *Collection des mémoires sur l'histoire de France*,
1re série, t. XLV, p. 422.

[2] Acte V, scène i.

[3] Article 5.

[4] Article 8.

[5] Lapidaires, statuts de 1585, art. 2. — Chapeliers, statuts
de 1658, art. 1. — Libraires, statuts de 1618, art. 17. —
Couturières, statuts de 1675, art. 4. — Menuisiers, statuts
de 1645, art. 11. — Pâtissiers, statuts de 1566, art. 1.

en province, un arrêt du 26 mai 1615, confirmé par sentence du prévôt du 14 mars 1618,
lui interdit d'engager aucun apprenti et d'oc-
cuper aucun ouvrier, « et néantmoins, sans
tirer à conséquence, est permis audict sieur
des Vignes d'exercer ledict estat de relieur[1]. »
Toutes les communautés ne se montraient pas
aussi sévères. Les écrivains se bornent à exi-
ger que l'aspirant à la maîtrise « ait habité
Paris pendant trois ans au moins[2]. » Chez les
plombiers, où l'apprentissage durait quatre
ans, les apprentis de province pouvaient être
reçus maîtres, à la condition de « servir fidelle-
ment pendant deux années entières l'un
desdits maîtres[3]. » L'article 6 de l'édit de
décembre 1581 avait accordé aux maîtres
reçus à Paris le droit de s'établir dans toutes
les villes du royaume[4]; ce privilége fut renou-
velé par un arrêt du 23 janvier 1742 qui, je

___

[1] Voy. L. BOUCHEL, *Recueil des statuts et réglemens des
marchands libraires, imprimeurs et relieurs de Paris*, art. 22,
p. 23.

[2] Statuts de 1570, art. 3.

[3] Statuts de 1648, art. 16.

[4] « Tous artisans qui auront esté receus maistres en nostre
ville de Paris pourront aller demourer et exercer leursdicts
mestiers en toutes les villes, fauxbourgs, bourgs, bourgades
et autres lieux de nostredict royaume. »

ne sais pourquoi, fit une exception pour la ville de Rouen [1].

Nul ne doit être reçu maître horloger qu'après avoir parfait le *chef-d'œuvre*. La nature du *chef-d'œuvre* est déterminée par les jurés assistés des anciens [2]; le moins compliqué qu'ils peuvent ordonner est « une horloge à réveil-matin [3]. »

On entendait par horloge à réveil-matin une montre sonnant l'heure, la demie, et ayant en outre un réveil. « Ces sortes de pièces étoient alors ce qu'il y avoit de plus difficile à faire dans l'art de l'horlogerie [4]. »

Les merciers ne peuvent vendre aucun objet d'horlogerie qui n'ait été auparavant visité par les jurés horlogers. Ceux-ci ont donc droit de visite chez les merciers [5].

Dans toutes les corporations, les jurés étaient tenus de faire, chaque année, un certain nombre de visites chez chaque maître. Ces

---

[1] Voy. *Nouveaux statuts de la communauté des maîtres et marchands chaircuitiers*, titre XXV, art. 1, p. 94.

[2] On nommait ainsi les maîtres qui exerçaient depuis vingt ans au moins ou qui avaient rempli les fonctions de juré.

[3] Article 6.

[4] Claude RAILLARD, *Extraits des principaux articles des statuts des maîtres horlogers de Paris*. Paris, 1752, in-4°, p.115.

[5] Article 14.

visites avaient pour objet de surveiller la fabrication et d'imposer aux maîtres la scrupuleuse observation des statuts. Comme on le voit ici, certaines corporations avaient droit de visite lés unes chez les autres. Les merciers, il est vrai, ne pouvaient rien fabriquer; mais ils tenaient de véritables bazars, où l'on trouvait, comme dans nos grands magasins de nouveauté, des marchandises de toute sorte.

Les maîtres ne doivent employer aucun ouvrier travaillant dans les lieux privilégiés, à moins que ces ouvriers n'aient été reçus maîtres horlogers de Paris [1].

On appelait *lieux privilégiés* de petits territoires où le travail était libre, en ce sens que les artisans qui y résidaient restaient indépendants des corporations parisiennes : ils pouvaient s'établir sans justifier d'aucun apprentissage, sans faire de *chef-d'œuvre,* sans obtenir la maîtrise. Ces immunités, très-anciennes, remontaient au temps où les seigneurs, abbés ou chapitres, réglementaient comme ils l'entendaient l'exercice du commerce et de l'industrie sur leur domaine [2]. Les corporations

---

[1] Article 16.
[2] Voy. dans cette collection : *La cuisine,* p. 25.

s'efforcèrent toujours d'obtenir le droit de visite dans les lieux privilégiés, et il est certain qu'en général les objets qu'on y fabriquait étaient peu estimés.

Les principaux lieux privilégiés étaient :

Le cloître et le parvis Notre-Dame ;

La cour Saint-Benoît ;

L'enclos de Saint-Denis de la Chartre ;

   —   de Saint-Jean de Latran ;

   —   de Saint-Martin des Champs ;

   —   de Saint-Germain des Prés ;

La rue de Lourcine, qui dépendait de la commanderie de Latran ;

La cour du Temple ;

   —   de la Trinité ;

Le faubourg Saint-Antoine.

Parmi les lieux privilégiés d'origine plus récente, on peut citer :

Les galeries du Louvre ;

La manufacture des Gobelins ;

Les palais et hôtels des princes du sang ;

Les collèges même, à l'égard des artisans qui leur servaient de portiers.

Quelques lieux privilégiés jouirent de leurs immunités jusqu'à la Révolution.

La veuve d'un maître est autorisée à continuer le commerce de son mari, mais elle ne saurait avoir d'apprenti [1].

Le nombre des Jurés ou Gardes est porté à trois. Ils sont élus par la communauté tout entière, en présence du procureur du roi au Châtelet. Ils restent deux ans en charge [2]. Ils peuvent faire leurs visites aux jours et aux heures qui leur conviennent; chaque maître leur doit huit sous par visite, « pour payer les salaires des huissiers qu'ils mèneront avec eux [3]. »

Les maîtres « feront dire et célébrer une messe tous les premiers dimanches du mois, pour prier Dieu pour la prospérité du Roy, de la Royne et de Messieurs les Princes de leur bon Conseil [4]. »

Pour compléter les priviléges que leur accordaient ces statuts, les horlogers demandèrent, six ans après, à être dispensés de recevoir des *maîtres sans qualité*. On appelait ainsi les gens qui, n'ayant fait ni apprentissage, ni compagnonnage, ni chef-d'œuvre, s'imposaient à la

[1] Article 10.
[2] Article 2.
[3] Article 15.
[4] Article 1.

communauté en achetant une des lettres de
maîtrise que créaient les rois à l'occasion de
leur avénement, de leur sacre, de leur mariage, etc., etc. C'est là un des chapitres les
plus curieux et les plus tristes de l'histoire des
corporations. On le trouvera ailleurs, et j'au-
rais passé sous silence la requête des horlogers, si je n'avais remarqué dans les lettres
patentes dont ils furent gratifiés à cette occasion, un passage digne d'être tiré de l'oubli.
Louis XIV, voulant établir que l'horlogerie
est un art utile, et que les horlogers ont bien
mérité la faveur qu'il leur octroie à beaux
deniers comptants, s'exprime en ces termes :
« L'expérience a fait connoistre, depuis nostre
heureux retour en nostre bonne Ville de Paris [1],
que l'Art d'orlogerie est infiniment au delà de
ceux que nous avons bien voulu gratiffier [2];
que par l'application d'un mouvement inconnu,
il fait découvrir les degrez du Soleil, le cours
de la Lune, les effets des Astres, la disposi-

---

[1] Ces lettres patentes sont datées du mois de novembre 1652.

[2] Sous-entendu : « de la même faveur. » Ceux qui en
jouissaient déjà étaient les épiciers, les bonnetiers, les pelle-
tiers, les écrivains, les maîtres en fait d'armes, les fourbis-
seurs, les chirurgiens, les maréchaux, les selliers, les serru-
riers ; mais d'autres corporations, les savetiers et les plumas-
siers entre autres, l'obtinrent par la suite.

tion des secondes, des minutes, des momens[1],
des heures, des jours, des sepmaines, des mois
et des années, les productions des métaux, les
qualités des minéraux, et que toutes les sciences
contribuent unaniment au succeds favorable[2]
de ses objets; que le coup d'un orloge addroi-
tement disposé préserve la personne d'un malade des attaques funestes de ses douleurs,
quand le remède luy est proportionnement
donné à l'heure prescrite par le Médecin;
qu'une bataille se trouve ordinairement au
point de sa gloire par le secours d'un juste
réveille-matin; et que l'invention de la montre
doit effectivement passer pour le principal
mobile du repos, de la douceur et de la tran-
quillité des hommes. Nous estimons aussi qu'il
est bien raisonnable d'empescher que d'ores-
navant nuls ne se puissent faire admettre audit
Art que ceux qui auront esté réduits sous
la discipline d'un Apprentissage, d'un Chef
d'œuvre conditionné, et d'une Expérience[3]
judicieusement imposée, puis que mesme les
Maistres jusqu'à présent receus en nostredite
Ville se sont rendus si habilles que leur indus-

---

[1] Voy. ci-dessus, p. 58 et s.
[2] *Sic.*
[3] Voy. ci-dessus, p. 83.

trie surpasse de beaucoup celle des Estrangers,
tant en la beauté de leurs ouvrages qu'en la
bonté qu'ils se sont particulièrement estudiez
d'y garder... [1] » De qui est ce joli morceau ?
Sans doute de maître René Haranger, un avo-
cat qui avait alors la spécialité de rédiger les
statuts et les requétes des corporations. Son
éloquence et le charme de son style sont in-
discutables, mais il faut surtout relever ici les
louanges méritées qu'il décerne aux horlogers
français et la supériorité qu'il leur attribue sur
leurs confrères de l'étranger. Je dirai plus loin
quel acte d'odieuse ineptie devait la lui enlever
pour un siècle.

L'Italie et la Hollande se partagent la gloire
de la grande découverte qui créa l'horlogerie
moderne.

En 1583, Galilée avait dix-neuf ans. Un
jour, dans la cathédrale de Pise, son attention toujours en éveil se porta sur une lampe
suspendue à la voûte, et qui, heurtée sans
doute par quelque visiteur, avait été mise en
mouvement. Il remarqua que, quelle que fût
la longueur des oscillations qu'elle accomplissait, les oscillations de même étendue s'opé-

---

[1] *Extraict des registres du Conseil privé du Roy.* Pièce
in-4°.

raient toujours dans un même espace de temps. L'*isochronisme* du pendule était trouvé. Galilée multiplia les expériences; il acquit la preuve que les oscillations, toujours égales entre elles, s'accomplissaient moins vite quand le pendule était plus long, et que pour diminuer de moitié la durée des oscillations, il fallait quadrupler la longueur du pendule. Ces principes posés le conduisirent à une foule d'applications pratiques. Il calcula la hauteur d'une église, en comparant les oscillations d'une des lampes qui l'ornaient, avec celles d'un fil à plomb long d'un pied qu'il avait à la main. Il résolut, par des moyens analogues, d'importants problèmes d'astronomie, de géométrie, de statique, et comprit très-bien qu'il avait découvert un admirable instrument pour diviser le temps, puisqu'il le fit servir à marquer la mesure dans la musique et à déterminer la fréquence du pouls [1].

Ainsi, Galilée savait :

1° Que le pendule en mouvement fournit des oscillations toujours égales entre elles;

2° Qu'on peut régler à volonté la durée de

---

[1] Voy. *L'usage du cadran ou horloge universelle de Galilée.* Paris, 1639, in-8°.

ces oscillations, en diminuant ou en augmentant la longueur du pendule ;

3° Que le pendule en mouvement finit par s'arrêter, à cause de la résistance que lui oppose l'air et du frottement qui se produit à son point de suspension..

Eh bien, l'idée ne lui vint pas d'appliquer ces principes à la mesure du temps par les horloges. Il ne vit pas que pour obtenir, d'une façon continue, une division exacte du temps, il lui suffisait d'établir un pendule dont la longueur produisît des oscillations ayant la durée d'une seconde, par exemple, et d'entretenir le mouvement de ce pendule comme on entretenait celui du balancier, en le mettant en contact avec l'échappement, animé lui-même par le moteur de l'horloge, poids ou ressort.

Le fils de Galilée tenta, dit-on, quelques expériences dans ce sens [1], mais l'application

[1] Huygens le nie, et sans doute avec raison : « On a prétendu, écrit-il, que Galilée ou son fils ont songé à faire l'application du pendule aux horloges. Mais est-il vraisemblable qu'une aussi utile découverte ait été tenue secrète, et qu'on ait attendu, pour la revendiquer, huit années après la publication du livre où je révèle cette invention? Dira-t-on que Galilée avait des raisons pour garder le silence pendant quelque temps? Mais dans ce cas, il n'est pas de découverte qu'on ne puisse contester à son auteur. » Chr. HUGENIUS, *Horologium oscillatorium, sive de motu pendulorum ad horologia aptato demonstrationes*, 1673, in-f°, p. 3.

définitive du pendule aux horloges est due à
Christian Huygens, savant mathématicien de
La Haye. Le 16 juin 1657, il présenta aux
États généraux de Hollande la première *pendule* qui ait été construite. Un de ses compa-
triotes, nommé Fromentil, transporta peu
d'années après cette invention en Angleterre[1],
d'où, perfectionnée par la découverte des pro-
priétés de la *cycloïde*[2], elle arriva en France.
On posséda, dès lors, sous le nom de *pendule,*
une horloge à peu près parfaite, aussi parfaite
que peut l'être une œuvre humaine.

Huygens passa une partie de sa vie en France.
Reçu d'abord docteur à l'université protestante
d'Angers, il fut plus tard compris au nombre
des savants pensionnés par Louis XIV, et eut
un logement à la Bibliothèque du roi[3]. C'est
là qu'il fixa à trois pieds, huit lignes, cinquante
centièmes de ligne la longueur du pendule
battant les secondes à Paris[4]. Il eut aussi l'idée

[1] Les premières pendules qu'on y ait vues datent de 1662.
Voy. DERHAM, *Traité d'horlogerie,* p. 171.
[2] Découverte due également à Huygens. Elle est destinée
à rendre d'égale durée tous les arcs, même inégaux, que le
pendule peut décrire.
[3] « Un bel appartement, en bon air, et donnant sur le
jardin. » *Voyage de Lister à Paris,* p. 106.
[4] Ce calcul, refait en 1735, donna les résultats suivants :
3 pieds, 8 lignes, 559 millièmes de ligne.

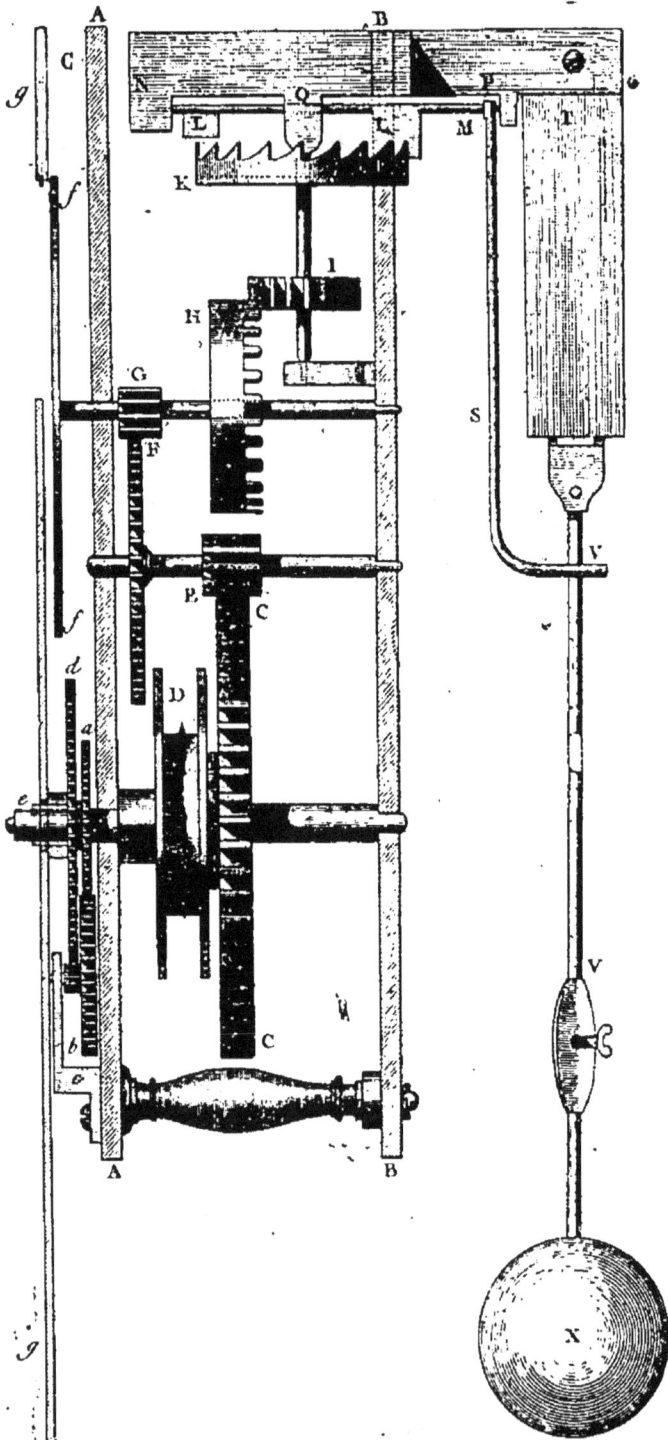

APPLICATION DU PENDULE AUX HORLOGES.

7.

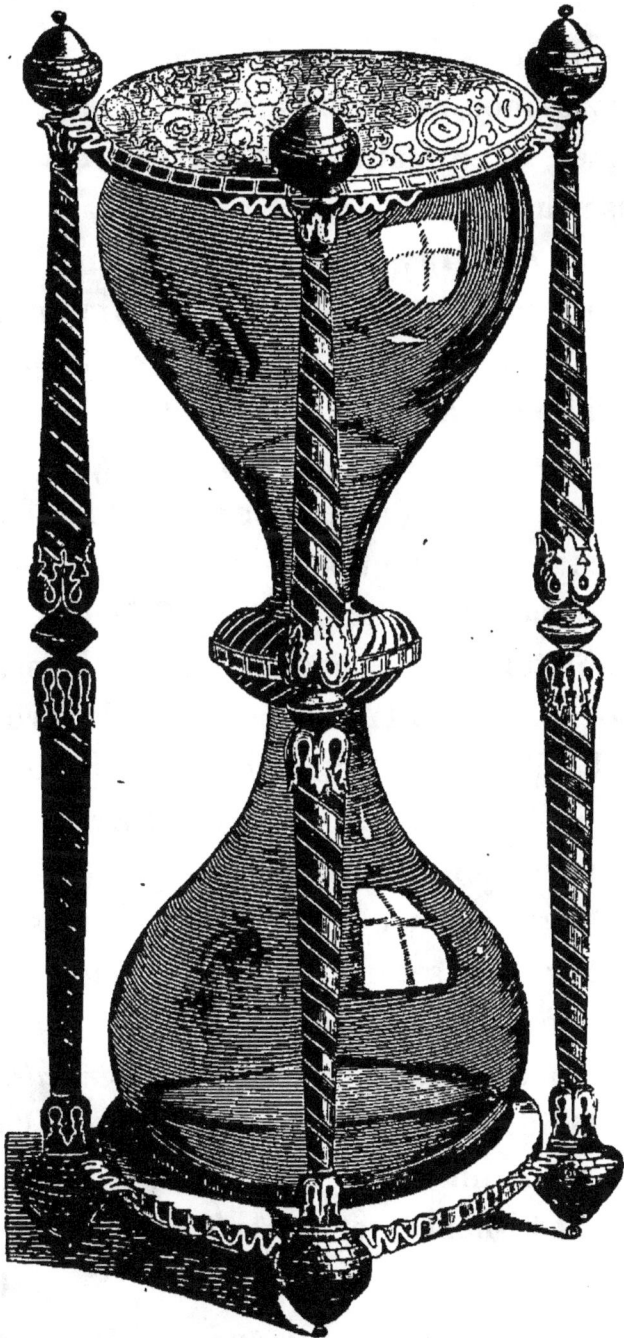

SABLIER DU SEIZIÈME SIÈCLE.

de rendre la force motrice toujours constante
dans les montres en les faisant remonter d'elles-
mêmes, et en maintenant ainsi le ressort sans
cesse au même degré de tension. C'est encore
à Paris que Huygens eut l'idée d'appliquer le
ressort spiral au balancier des montres, et
opéra ainsi une révolution dans l'horlogerie .
maritime. La priorité de cette invention lui
fut d'ailleurs disputée par l'Anglais Robert
Hooke et par le Français Jean de Hautefeuille[1].
L'échappement *à ancre* date de 1680 : Hooke,
et l'horloger anglais William Clément, préten-
dirent tous deux l'avoir construit le premier.
Huygens quitta la France lors de la révocation
de l'édit de Nantes, et cessa, à partir de ce
moment, toute relation avec l'Académie des
sciences, dont il faisait partie depuis 1666.

Constatons ici que l'on n'avait pas encore
renoncé à se servir du sablier, quand il s'agis-
sait de déterminer un espace de temps fixé
d'avance. Dans sa deuxième *Provinciale*, écrite
en 1656, Pascal s'exprime ainsi : « Je l'ai bien
dit ce matin en Sorbonne. J'y ai parlé toute
ma demi-heure, et *sans le sable* j'eusse bien

---

[1] Voy. ALEXANDRE, p. 381; DERHAM, p. 176; BERTHOUD,
t. I, p. 134.

fait changer ce malheureux proverbe, qui court
déjà dans Paris : « Il opine du bonnet comme
un moine en Sorbonne. » Il faut pourtant bien
rappeler que la Sorbonne ne passait pas préci-
sément pour affamée d'innovations.

V

A l'époque où nous sommes parvenus, il y avait à Paris quelques horloges qui méritent une mention spéciale.

La plus ancienne de toutes, celle du Palais, avait vu son mouvement bien souvent réparé, refait même, depuis le quatorzième siècle[1]. A l'extérieur, son aspect avait subi aussi de nombreuses modifications, dont les plus importantes datent de Charles IX et de Henri III, et qu'on trouve décrites dans toutes les histoires de Paris. On y lit également que la grosse cloche du Palais donna le signal de la Saint-Barthélemy, et c'est là une erreur. Le signal devait, en effet, venir du Palais; mais Catherine, impatiente de voir commencer le massacre, en avança l'heure et envoya à Saint-

---

[1] Voy. ci-dessus, p. 73 et suiv.

Germain l'Auxerrois l'ordre de sonner le tocsin [1].

Dès les premières années du seizième siècle, l'Hôtel de ville possédait une horloge dont le soin était confié à l'*orlogeur* Martin Benoist. Moyennant six francs par an, celui-ci s'engageait à « la conduire, relever les contrepoix chacun jour, et la faire sonner ordinairement [2]. » Au siècle suivant, Benoist avait été remplacé par un sieur Charles Tamponnet, concierge du monument [3]. A la même époque, il existait dans la pièce où se réunissaient les officiers municipaux, une grosse montre dont le travail devait être assez précieux, puisque l'on paya à Pierre Prejean, maître gaînier, deux écus d'or pour avoir fait une boîte de maroquin rouge destinée à la renfermer [4].

En 1609, la partie centrale du nouvel Hôtel de ville était presque terminée, et l'on s'occupait des ornements accessoires. Au mois de

---

[1] Voy. DE THOU, *Historiæ sui temporis lib. LII*, édit. de 1733, t. III, p. 128. — D'AUBIGNÉ, *Histoire universelle*, édit. de 1616, t. II, p. 16.

[2] Quittance du 15 septembre 1505, citée par LE ROUX DE LINCY, *Histoire de l'Hôtel de ville*, 1re partie, p. 11.

[3] Quittance du 6 août 1601, dans LE ROUX DE LINCY, 2e partie, p. 51.

[4] Quittance du 13 décembre 1600, dans LE ROUX DE LINCY, 2e partie, p. 52.

février, on commanda à Anthoine Lemoyne,
fondeur ordinaire de l'artillerie du roi, une
cloche qui devait avoir cinq pieds de diamètre
et « estre de haulteur et eschantillon conve-
nable pour estre sonnante d'un ton plus bas
que l'orloge du Pallais [1]. » Il fallait aussi rem-
placer l'ancienne horloge. On y songea en 1612.

La municipalité désirait que la nouvelle horloge fût semblable à celle du Palais, « voire
plus pesante de trois cens livres, » et mise en
place dès le 1er août suivant. Comme la dépense
devait étre assez considérable, on décida de
mettre le travail en adjudication; il fut donc
« proposé et publié ladicte orloge estre à faire
et bailler au rabaiz. »

Cette procédure était déjà employée depuis
longtemps, et on en trouve des exemples au
quatorzième siècle. En 1387, Raymond du
Temple, maître des œuvres [2] du roi, ayant à

---

[1] Marché passé le 4 février 1609, dans LE ROUX DE LINCY,
2e partie, p. 68.

[2] Architecte. Ce dernier nom apparaît seulement au quinzième siècle. Jusque-là on ne connaît que le *maître de
l'œuvre* ou *des œuvres;* c'est lui qui trace les plans, fait les
devis, achète les matériaux, passe les marchés, surveille les
travaux, toise et reçoit l'ouvrage, paye les ouvriers ou leur
délivre des mandats de payement. C'est à Raymond du
Temple que Charles V avait confié la reconstruction du
Louvre. Voy. *Bibliothèque de l'École des chartes,* 2e série,

exécuter des constructions pour le collège de Beauvais, se rendit à la place de Grève, fit publier et afficher le cahier des charges et ouvrit l'adjudication, « fist et devisa une cédule de quele forme, matière, ordennance et espoisse se feroit ledit édifice, et ycelle cédule fist doubler par son clerc, afin de monstrer ledit fait et toute la devise à tous ouvriers solvables et souffisans qui pour mendre pris le voudroient faire et accomplir, la quelle cédule fu portée en Grève, veue et leue en présence de tous ouvriers, etc...[1] » Le mode d'adjudication à la chandelle paraît remonter au milieu du quinzième siècle; c'est de cette façon que la Chambre des comptes d'Angers adjugea au prix de 300 écus, à la suite de plusieurs rabais, la fourniture des pierres nécessaires à l'érection du tombeau du roi René.

Pour l'horloge de l'Hôtel de ville, plusieurs horlogers de Paris se présentèrent, et après bien des enchères, baissèrent leurs prix de 4,500 à 3,300 livres. Mais le Flamand Jean

t. III, p 55, et le *Bulletin de la Société de l'histoire de Paris*, 1886, p. 27.

[1] Voy. une pièce très-curieuse publiée par G. FAGNIEZ, *Études sur l'industrie*, p. 347. Voy. aussi le *Glossaire archéologique* de V. GAY, p. 6.

Lintlaer, qui venait d'achever la *Samaritaine,*
et qui se qualifiait de « maistre de la pompe
du roy, » accepta le marché pour 3,000 livres.
Il lui fut adjugé [1]. Lintlaer s'engageait à établir
une horloge semblable à celle du Palais, plus
pesante même de 300 livres, à la rendre « assize
en place » au 1ᵉʳ août suivant, et à « l'entretenir
à ses fraiz et despens » pendant un an. La
somme fixée devait lui être soldée au fur
et à mesure de l'avancement des travaux.
Comme il était tenu de fournir caution, il présenta pour répondant un bourgeois de Paris
nommé Pierre Langlois, qui possédait la moitié
d'une maison dans le faubourg Saint-Martin et
vingt arpents de terre à la Villette.

Cette horloge fut refaite en 1783 par Jean-
Baptiste Lepaute. C'était, dit-on, la plus parfaite
qu'il y eût en Europe, car elle marchait « souvent plus de six mois sans s'écarter de l'heure
vraie du soleil [2]. » L'artiste s'était chargé de
l'exécuter pour 24,000 liv.; elle lui revint à
près de 100,000, que la ville refusa de payer.
Il y eut donc procès [3].

L'horloge du Pont-Neuf, qui n'était pas

[1] Voy. ci-dessous, p. 186.
[2] F. BERTHOUD, t. I, p. 257.
[3] *Mémoires secrets*, 12 février 1783, t. XXII, p. 80.

moins populaire que celle de l'Hôtel de ville,
date du règne de Henri IV.

Les eaux fournies par les aqueducs du pré
Saint-Gervais et de Belleville ne pouvaient
plus suffire à alimenter les fontaines de Paris,
sans cesse épuisées par de nouvelles conces-
sions, ni satisfaire aux besoins toujours crois-
sants du Louvre et des Tuileries. Jean Lintlaer [1]
proposa d'appuyer contre la deuxième arche
du Pont-Neuf, alors à peine terminé, une
pompe qui élèverait l'eau de la Seine et per-
mettrait de la distribuer dans les quartiers voi-
sins. Henri IV adopta ce projet, et le fit exécuter
sans écouter les plaintes de la municipalité,
qui se préoccupait surtout des intérêts de la
navigation. Le 23 août 1604, il écrivait à
Sully :

« Mon amy, sur ce que j'ay entendu que le
prévost des marchands et eschevins de ma
bonne ville de Paris font quelque résistance à
Lintlaer, Flamand, de poser le moulin servant
à son artifice en la deuxiesme arche du Pont-
Neuf du costé du Louvre, sur ce qu'ils préten-
dent que cela empescheroit la navigation, je

---

[1] Son nom est écrit Jean Laintelart dans un acte dressé
en 1614. Voy. A. Jal, p. 1100.

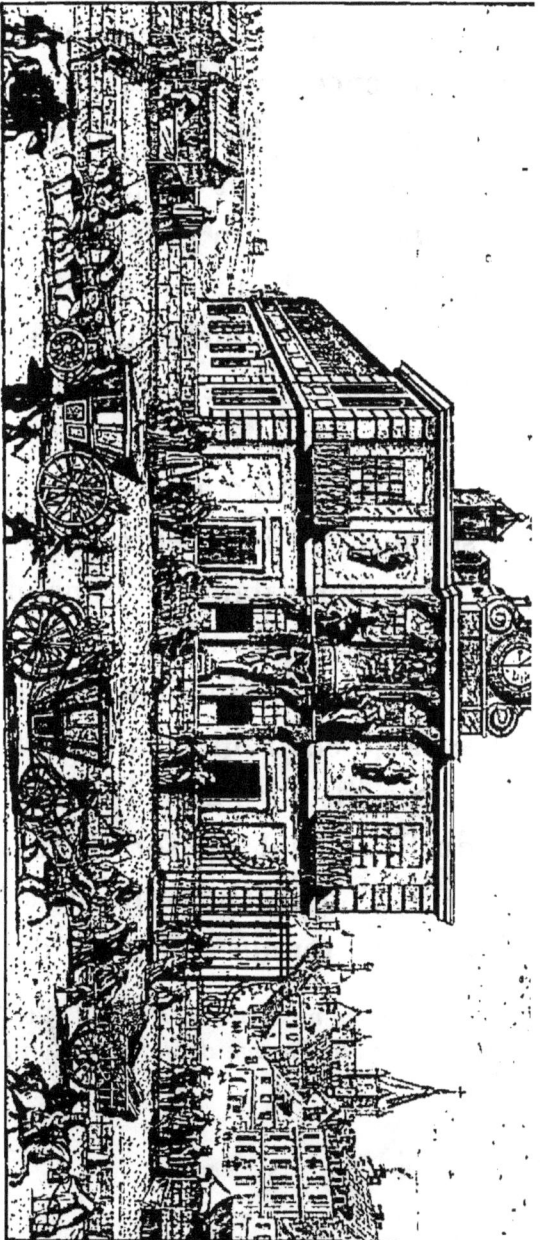

LA SAMARITAINE.
Vue publiée par N. Langlois.

vous prie les envoyer quérir et leur parler de
ma part, leur remonstrant en cela ce qui est
de mes droits. Car, à ce que j'entends, ils le
veulent usurper, attendu que ledict pont est
faict de mes deniers et non des leurs[1]. »

La raison n'était pas fameuse, mais il fallut
bien que la Ville s'en contentât. Les travaux
commencèrent donc, et durèrent jusqu'en
1608. Le bâtiment élevé par Lintlaer fut
presque aussitôt désigné sous le nom de *Samaritaine,* dû à un groupe de bronze qui ornait
la façade, et qui représentait Jésus-Christ et la
Samaritaine auprès du puits de Jacob. Lintlaer
ajouta à l'édifice non-seulement un immense
cadran, mais, suivant l'usage de son pays, un
carillon destiné à jouer un air chaque fois que
sonneraient une heure ou une demie.

La Samaritaine resta pendant longtemps un
objet de curiosité pour les Parisiens, et les
étrangers n'oubliaient pas de visiter les curio-
sités qu'elle renfermait, grottes, musées, bains
même installés dans l'intérieur d'une des piles
du Pont-Neuf; de sorte que, dit un contempo-
rain, l'on entendait de là « les voitures et les
chevaux tonner au-dessus de soi[2]. »

---

[1] *Lettres missives de Henri IV,* t. VI, p. 285.
[2] Voy. le *Voyage de John Evelyn à Paris* (1651), p. 268.

Tout cela était l'œuvre du fils de Lintlaer.
« A coups de pics et de ciseaux, dit Sauval[1], il
pratiqua un chemin couvert le long des reins
de la première et de la deuxième arche, » ce
qui lui fournit dans l'éperon de chaque pile une
chambre assez vaste. Le père n'avait songé
qu'à se ménager une retraite en cas d'incendie,
ce qui était, il faut en convenir, une étrange
préoccupation de la part d'un homme logé en
plein fleuve. Le fils sacrifia plus à l'agréable
qu'à l'utile. Il avait même « placé si indus-
trieusement quelques miroirs dans la chambre
qui regarde le Pont au Change, qu'il voyoit à
son aise tout ce qui se passoit sur la rivière et
sur les quais de l'Isle du Palais et de la Mesgis-
serie. »

Quarante ans après leur achèvement, horloge
et carillon étaient déjà en bien mauvais état.
Une *Mazarinade*, publiée en 1649[2], débute par
le dialogue suivant entre la statue de Henri IV
et la Samaritaine :

Henri IV. — Quelle heure est-il, voisine?

La Samaritaine. — Sire, nos ressorts sont
tous si détraquez, que je ne crois pas que sans

[1] *Antiquités de Paris*, t. I, p. 236.
[2] *Dialogue entre le roy de bronze et la Samaritaine sur
les affaires du temps présent*, in-4°.

LA SAMARITAINE RECONSTRUITE.

Dessin d'Aveline.

miracle on puisse rendre aux mouvemens du balancier et des rouës leur première harmonie. On ne sçait icy qui croire de l'oreille ou de l'œil; l'éguille marquant dix heures au cadran dément le tymbre qui vient d'en sonner onze.

Le bâtiment avait aussi subi les atteintes du temps, et il dut être reconstruit de fond en comble en 1712.

La Samaritaine était réputée maison royale, et à ce titre elle possédait un gouverneur, dont les principales occupations consistaient à surveiller l'horloge et le carillon. Au dix-huitième siècle, ce dernier remplissait fort mal son office; s'il faut en croire Mercier, il ne jouait guère que quand le roi passait sur le pont, et encore fournissait-il toujours le même air. L'horloge ne valait guère mieux, paraît-il. « Le fameux gouverneur de ce gouvernement, dit encore Mercier, a dans toutes ses immenses parties la fonction de faire entretenir l'horloge, et l'horloge ne va point. Ce cadran, vu et interrogé par tant de passans, est des mois entiers sans marquer les heures[1]. »

Mercier disait vrai. Il semble même qu'on eût renoncé à rappeler cet indocile chrono-

[1] *Tableau de Paris*, chap. 476.

mètre au sentiment de ses devoirs. En 1777,
le comte d'Angiviller, contrôleur des bâtiments
du roi, avait eu la pensée de substituer à l'action de son vieux mécanisme celui du soleil.
Sur la terrasse de l'édifice, il voulait établir un
canon, « lequel, par le moyen d'un verre
ardent dirigé par un conduit dont un bout
répondra à la lumière du canon et l'autre pré-
cisément à l'endroit où le soleil se trouve au
milieu de sa course, prendra feu, les jours où
le temps sera serein, et par son explosion an-
noncera à tout Paris l'heure du midi[1]. » Il ne
fut point donné de suite à ce projet, mais le
duc d'Orléans d'abord, puis Buffon, s'emparè-
rent de l'idée et la réalisèrent, sous des
formes différentes, l'un au Palais-Royal, l'autre
au Jardin des plantes.

Il y avait dans Paris un grand nombre de
cadrans solaires, pour la plupart fort peu con-
sultés. La mode avait adopté celui du Palais-
Royal, et vers midi, il recueillait les hommages
d'une foule empressée. Casanova écrivait
en 1750 : « Je vois beaucoup de monde dans
un coin du jardin, se tenant immobile, le nez
en l'air. Je demande ce qu'il y avoit de mer-

---

[1] MÉTRA, *Correspondance secrète*, 15 avril 1777, t. IV,
p. 322.

veilleux. On se tient attentif à la méridienne ;
chacun a sa montre à la main pour la régler
au point de midi[1]. » Quand le duc d'Orléans
entreprit, vers 1782, de métamorphoser son
palais, les Parisiens s'émurent, en songeant
que peut-être ils allaient être privés de leur
cher méridien. Ils furent bientôt rassurés. Non
seulement le prince le leur rendit remis à neuf,
mais il eut la délicate attention d'y faire prati-
quer « une petite chambre, qu'on remplit de
poudre, ce qui forme explosion dès que le
soleil y frappe, et avertit les promeneurs et
tout le quartier que le soleil est au milieu de
son cours[2]. » Ils en furent, un peu plus tard,
avertis par le canon, devenu célèbre, qui remplaça la petite chambre remplie de poudre.

Buffon, avec l'aide de l'architecte Verniquet,
avait adopté un autre procédé. Au sommet du
labyrinthe qui domine le Jardin des plantes, il
fit élever un kiosque en fer surmonté d'une
sphère armillaire encore visible aujourd'hui, au
centre de laquelle était suspendu le globe figu-
rant la terre. Ce globe servait de marteau
pour annoncer l'heure de midi. Retenu en l'air

---

[1] *Mémoires*, t. III, p. 189.
[2] *Mémoires secrets dits de Bachaumont*, 8 décembre 1784,
t. XXVII, p. 60.

par un fil de crin, auquel correspondait le foyer
d'une forte loupe, il retombait sur un gong
chinois dès que le fil, brûlé par le soleil, se rom-
pait [1].

Donnons encore un souvenir à quelques
horloges qui, s'il est permis de s'exprimer
ainsi en un tel sujet, ont eu leur heure de célé-
brité.

Un horloger qui habitait le Marché-Neuf [2]
avait construit, au premier étage de sa maison,
un instrument fort compliqué, qui est ainsi
décrit par le continuateur de Dubreul : « Il
sonne les heures et les demies heures, et y a de
petites sonnettes, lesquelles auparavant que
l'heure sonne, sonnent l'air de quelque hymne.
Pendant quoy et au-dessous se voyent passer
sept ou huict petits personnages de relief, qui
tournent à mesure que les clochettes sonnent,
et à la fin la dernière ferme la porte, et deux
autres figures de personnages estant aux deux
costez du petit tymbre avec un marteau frap-
pent les heures dessus, ce qui est fort récréatif
à voir. De sorte que les passans par le Marché-
Neuf s'arrestent pour considérer cet horloge,

---

[1] Voy. Thiéry, *Guide des amateurs et des étrangers voya-
geurs à Paris* (1787), t. II, p. 181.

[2] Aujourd'hui quai du Marché-Neuf.

l'invention duquel ils admirent, et pour le voir
sonner attendent souvent des quarts et demies
heures entières[1]. » Claude le Petit, parlant
des personnages qu'on vient de nous présenter,
nous apprend que

L'un bat, pour imiter le More,
Sur la clef de G re, sol, ut;
Roulant des yeux de chatte en rut,
Fait plus laide grimace encore.
L'autre l'admire en racourcy.
Celuy-là dessus celuy-cy
S'allonge et ricane en satire.
Cet autre avance un pied de nez
Et un muffle à faire rire
Une douzaine de damnez[2].

Tout le monde ne partageait pas cet enthousiasme pour le tintement des timbres, car
Tallemant des Réaux raconte que la sœur de
Louvigny, logée rue Vieille-du-Temple,
changea de demeure parce que « l'horloge de
l'hostel d'Épernon sonnoit les demies et les
quarts, et que cela luy coupoit, disoit-elle, sa
vie en trop de morceaux[3]. » Le cadran qui
fut placé dans la cour du palais Mazarin[4]

---

[1] *Supplément aux antiquitez de Paris* (1639), p. 13.
[2] *Paris ridicule*, chap. 67. — L'auteur fut brûlé en place
de Grève vers 1665.
[3] *Historiettes*, t. VI, p. 346.
[4] Aujourd'hui la Bibliothèque nationale.

vers 1650˙ est, dit Leprince[1], le premier où
l'on ait vu une aiguille à minute. L'horloge de˙
la Sorbonne paraît avoir eu des prétentions
astronomiques, assez peu justifiées d'ailleurs,
suivant Claude le Petit[2] :

> La lune avec çent contrepoids
> N'y marque qu'une heure en un mois.

S'il faut en croire Saint-Simon[3], l'idée de
construire des pendules et des montres à répétition appartient bien à un Français. « M. de
Villayer, dit-il, avoit disposé à sa portée dans
son lit une horloge avec un fort grand cadran,
dont les chiffres des heures étoient creux et
remplis d'épices différentes ; en sorte que, con-
duisant son doigt le long de l'aiguille sur l'heure
qu'elle marquoit ou au plus près de la division
de l'heure, il goûtoit ensuite, et par le goût et
la mémoire connoissoit l'heure qu'il étoit. » Ce
M. de Villayer était un grand personnage,
doyen du Conseil, membre de l'Académie
française, etc. ; mais son ingénieuse horloge est
tout ce qui reste de lui, et encore doit-on convenir que la postérité s'est montrée indulgente.

---

[1] *Essai historique sur la Bibliothèque du roi*, p. 121.

[2] *Paris ridicule*, ch. 126.

[3] *Additions aux mémoires de Dangeau*, 5 mars 1691,
t. III, p. 295.

Deux horlogers de Londres, Barlow et Quare, avaient eu la' même pensée, et ils la réalisèrent d'une façon moins gastronomique en construisant, vers 1676, chacun de son côté et par des moyens différents, le premier une pendule *à tirage* [1], le second une montre *à répétition* [2].

Le roi Charles II envoya à Louis XIV deux de ces montres, les premières qu'on ait vues en France. Le désintéressement n'est pas la vertu favorite des Anglais. Afin qu'on ne cherchât pas à imiter le nouveau mécanisme, la boîte qui le contenait était fermée par un secret. Les montres se dérangèrent et furent remises entre les mains de Martinot, horloger du roi, qui ne put les ouvrir. Il eut la générosité d'avouer à Colbert qu'un seul homme en France était capable de découvrir le secret employé par les ouvriers anglais, et que s'il n'y réussissait pas, il fallait se résoudre à renvoyer les montres au delà de la Manche : cet homme était le Père Sébastien, un religieux carme nommé Jean

---

[1] Il suffit de tirer un cordon pour faire sonner, à un moment quelconque, l'heure et les quarts marqués par les aiguilles. La plupart des pendules exécutées sous Louis XV sont *à tirage*. Dans la montre à répétition, le cordon est remplacé par un bouton ou poussoir.

[2] DERHAM, p. 186.

Truchet et alors âgé de dix-neuf ans seulement.
Colbert consentit à ce qu'on lui remît les
montres ; il les ouvrit et les répara sans savoir
pour qui il travaillait. Il l'apprit bientôt,
d'ailleurs, car il reçut pour honoraires une
pension de 600 livres. Le Père Sébastien
devint membre de l'Académie des sciences ; et
quand il mourut, Fontenelle prononça son
éloge, auquel j'ai emprunté le récit qui pre-
cède [1].

Les Martinot et les Bidault, que j'ai déjà eu
l'occasion de citer, furent les chefs de deux
dynasties d'horlogers qui, pendant un siècle et
demi, occupèrent dans les galeries du Louvre
les logements [2] réservés par le roi aux plus
habiles artistes de Paris. Un des Martinot,
attaché à la religion réformée, quitta la France
après la révocation de l'édit de Nantes, et fonda
à Londres une maison qui devint célèbre. En
1712, Louis XIV avait pour horlogers Louis-
Henry Martinot, Augustin-François Bidault et
Jérôme Martinot : ils servaient par quartier,
recevaient 395 livres de gages, dînaient au

[1] *OEuvres complètes de Fontenelle*, t. I, p. 410.
[2] Voy. *Archives de l'art français*, t. I, p. 206 et suiv. —
Correspondance de Colbert, t. V, p. 527 ; et ci-dessous,
p. 198.

château à la table des valets de chambre, et entraient chez le roi avec les premiers gentilshommes de la chambre. Chaque matin, pendant qu'on habillait le roi, l'horloger de ser-vice remontait et mettait à l'heure la montre qu'allait porter le souverain [1].

Parmi les maîtres habiles qui portèrent le titre d'horlogers du roi durant le long règne de Louis XIV, il faut mentionner encore :

Henri-Auguste Bidault;
Pierre Nourry;
Jacques Thuret;
Isaac Thuret;
Jean Martinot;
Gilles Martinot [2].

Les 26 juillet 1707 et 23 octobre 1717, les statuts des horlogers avaient reçu quelques modifications sans importance; ils furent renouvelés par lettres patentes du 30 mars 1719 [3]. Leur principal objet est de régler les droits à payer pour l'enregistrement des

---

[1] TRABOUILLET, *État de la France pour* 1712, t. I, p. 181 et 270.

[2] Voy. A. JAL, *Dictionnaire de biographie*, p. 686.

[3] *Lettres patentes du Roy, contenant les nouveaux statuts de la Communauté des Maîtres Horlogeurs de Paris.* Paris, 1723, in-4°.

brevets d'apprentissage et pour la réception à
la maîtrise. Elles insistent aussi sur la nécessité du *chef-d'œuvre*, qui doit être exigé de tous
les aspirants, même des fils de maître[1], et qui
consistera désormais à exécuter « une horloge
à réveil ou répétition[2]. »

On espérait ainsi relever la fabrication française, que la révocation de l'édit de Nantes
avait ruinée. Comme Samuel Helot, dont je
parle plus loin[3], presque tous les horlogers de
Paris étaient protestants ; ils émigrèrent, et
leurs ouvriers les suivirent. Vingt ans après,
non-seulement aucune contrée de l'Europe
n'eût accepté de nous un tournebroche,
mais même pour la consommation intérieure,
nous ne pouvions établir une montre sans
faire venir quelque pièce de Londres ou de
Genève. Je puise ces renseignements dans le
Mercure françois[4], un recueil à peu près officiel,
puisque le directeur était nommé par le roi.

A l'étranger, au contraire, on s'efforçait
de résoudre les problèmes de mécanique les
plus compliqués. Ainsi, dès 1699, Charles II

---

[1] Articles 9 et 11.
[2] Article 2.
[3] Voy. p. 202.
[4] Numéro de janvier 1719, p. 141 et suiv.

d'Espagne possédait une pendule qui marchait pendant quatre cents jours sans être remontée. Le R. P. Kresa l'avait étudiée à loisir, et son témoignage est confirmé par un savant industriel anglais, Henry Sully, dont la France venait d'accepter les services [1].

Vers 1718, il était venu proposer au Régent d'organiser chez nous une école d'horlogerie. Le duc d'Orléans lui ayant promis son appui, Sully se rendit à Londres, choisit une cinquantaine de bons ouvriers, paya leurs dettes et les amena à Versailles. Ils furent installés rue de l'Orangerie, dans un grand hôtel qui porte aujourd'hui les numéros 14 et 16 [2]. Law, alors à l'apogée de sa faveur, prit l'établissement sous son patronage ; Sully y fut logé, il y eut « un maître d'hôtel, des domestiques, une chaise roulante, etc. [3]. » Dès le mois de janvier 1719, Law présentait au Régent la première montre sortie de la nouvelle manufacture, dont

[1] *Lettre du R. P. Kresa à Williamson*, à la fin de H. SULLY, *Règle artificielle du temps*, édit. de 1717.

[2] J.-A. LENOY, *Histoire des rues de Versailles*, p. 489.

[3] H. SULLY, *Règle artificielle du temps, traité de la division naturelle et artificielle du temps, des horloges et des montres de différentes constructions, de la manière de les connoître et de les régler avec justesse.* Édition publiée par Julien LE ROY, Paris, 1737, in-12, p. 390.

le succès semblait assuré. Elle ne survécut
cependant pas aux désastres qui suivirent la
chute de Law. Sully, abandonné par son pro-
tecteur, céda aux instances de l'ambassadeur
d'Angleterre ; il retourna à Londres avec ses
ouvriers, et dans une pièce publiée vers 1750, je
lis encore cette phrase : « Un cocher de fiacre
ne porteroit pas une montre qu'elle ne fût an-
gloise [1]. » Moins de vingt ans après, tout était
bien changé, paraît-il, car un des meilleurs
horlogers de Paris écrivait : « L'Angleterre,
où l'horlogerie étoit autrefois si supérieure à
la nôtre, et qui nous fournissoit des montres
pour lesquelles il sortoit des sommes considé-
rables du royaume, non seulement ne nous en
envoie plus, mais en tire beaucoup de France [2]. »
L'auteur constate pourtant, deux pages plus
loin, que « la fabrication des montres en
Suisse a presque ruiné la nôtre. »

Un arrêt du Conseil, rendu le 5 mai 1722,
renouvela aux horlogers l'obligation de faire
contrôler au bureau des orfèvres, tous leurs

---

[1] *Dissertation sur la véritable origine des moulins à barbe.*
Dans Éd. FOURNIER, *Variétés historiques et littéraires*, t. II,
p. 54.

[2] BELIARD, *Réflexions sur l'horlogerie en général et sur
les horlogers du Roi en particulier*, 1767, in-8°, p. 2.

ouvrages d'or et d'argent. Les deux corporations n'en étaient pas moins indépendantes
l'une de l'autre : les Jurés orfèvres n'avaient
aucun droit de visite chez les horlogers, et
ceux-ci étaient libres de fabriquer les boîtes
destinées à leurs montres et les pièces servant
à leurs pendules.

Tout le monde connaît les belles pendules exécutées sous Louis XIV et sous Louis XV, et le parti que les artistes savaient alors tirer des ornements de cuivre ciselé accompagnant l'ébène et l'écaille. La décadence commence vers la fin du dix-huitième siècle. A dater de ce moment, la recherche du bon marché tue l'art et inaugure le règne du mauvais goût, qui poursuit triomphalement sa carrière, dotant la France des styles dits *Empire*, *Restauration*, et *Louis-Philippe*.

Sous Louis XV, Gudin, Joly, Étienne Lenoir [1], Moisy, signaient les montres que Lazare Duvaux, bijoutier du roi, se chargeait de transformer en bijoux pour ses clients. Jean-Baptiste Baillon fut horloger et premier valet de chambre de la dauphine Marie-Antoinette.

[1] C'est lui qui exécuta, en 1792, le *mètre-étalon* en platine qui fut déposé aux Archives.

UNE BOUTIQUE D'HORLOGER AU DIX-HUITIÈME SIÈCLE.

D'après l'Encyclopédie méthodique.

Avril était alors chargé de surveiller les horloges de Fontainebleau. Balthasar Martinot et
Caron, père de Beaumarchais, fournissaient
des pendules au garde-meuble. Chevalier, Le-
loutre, Lefaucheur et Jean-Baptiste Lepaute
portaient le titre d'horlogers du roi. Vers le
même temps, Thuilier et Richard s'efforçaient
de régler le cadran de la Samaritaine; pendant que Lory construisait et réparait les horloges du château de Saint-Germain, des Gobelins, de la Savonnerie, des Capucines, de
Meudon, de Marly et de la Sainte-Chapelle de
Vincennes[1].

L'*Almanach Dauphin* pour 1772[2] fournit
quelques renseignements curieux sur les meilleurs horlogers de la fin du dix-huitième
siècle. Je mentionnerai seulement parmi les
plus connus :

Lepaute, horloger du roi, demeurant place
du Palais-Royal. « Il est particulièrement
renommé pour les pendules *polycamératiques*,
dont il est l'inventeur. Ces pendules peuvent

[1] Voy. L. COURAJOD, *Livre-journal de Lazare Duvaux*,
introduction, p. CXVIII.
[2] *Almanach Dauphin, ou tablettes royales du vrai mérite
des artistes célèbres, et d'indication générale des principaux
marchands, banquiers, négocians, etc.* In-8°.

communiquer à nombre d'autres cadrans placés dans diverses salles, cours ou jardins, et répéter l'heure ; en sorte que le maitre de la maison peut, d'un même tour de clef, fixer l'heure au dedans et au dehors, et donner l'ordre à sa maison, sans être exposé à la multiplicité des pendules, qui rarement s'accordent. » Il s'agit sans doute ici de Jean-André Lepaute, qui construisit les horloges du Luxembourg, des Tuileries, du Palais-Royal et du château de Bellevue. Il a publié un bon *Traité d'horlogerie* [1]. J'ai dit que son frère Jean-Baptiste fut aussi horloger du roi.

Lépine, place Dauphine, « horloger du roi et un des plus célèbres de cette capitale pour les montres précieuses. A eu l'honneur d'en présenter une à Sa Majesté, qu'elle a bien voulu accepter, après lui en avoir démontré tout le méchanisme. Cette montre s'ouvre et se monte sans clef, et marque les phases de la lune, les mois, les jours, les heures et les minutes, et bat les secondes au centre. » Voltaire obtint de Lépine qu'il établit un comptoir à Ferney [2]. On sait que, vers 1768, le phi-

---

[1] Paris, 1755, in-4°.

[2] VOLTAIRE, *Correspondance*. Lettre à Lépine, 9 décembre 1774. Édit. Beuchot, t. LXIX, p. 134.

losophe s'était retiré dans ce hameau, qu'il transforma en une importante manufacture d'horlogerie, « bientôt connue de toute l'Europe[1]. » En 1770, elle expédiait déjà jusqu'en Espagne des montres « très bien faites, très jolies, très bonnes et à bon marché[2], » écrit Voltaire.

Leroux, rue Guénégaud, « vient de trouver de nouveaux moyens de construire des montres à répétition, d'une manière bien moins compliquée. »

Berthoud (Ferdinand), rue de Harlay. « Il a fait plusieurs machines pour accélérer et perfectionner les ouvrages d'horlogerie, et a concouru et balancé le prix proposé par l'Académie des sciences pour la construction d'une pièce tendante à trouver la longitude. » F. Berthoud mourut membre de l'Institut, en 1807. Ses nombreux ouvrages sont encore estimés, et je cite souvent dans cette notice son *Histoire de la mesure du temps par les horloges*[3].

Leroy, rue de Harlay. « A présenté une pendule astronomique pour trouver la longi-

[1] CONDORCET, *Vie de Voltaire*, édit. Beuchot, t. I, p. 209 et 259.

[2] VOLTAIRE, *Correspondance*. Lettre du 11 mai 1770, t. LXVI, p. 269.

[3] Paris, 1802, 2 in-4°.

tude, qui lui a mérité l'approbation et le prix
proposé par l'Académie. » Il s'agit ici de
Pierre Leroy, fils du célèbre Julien Leroy, qui
entreprit le premier de soutenir la lutte contre
l'horlogerie anglaise [1].

Romilly, place Dauphine. « On le dit inventeur des montres de forme ordinaire qui vont
plus d'un an sans être remontées. » Romilly,
issu d'une famille de réfugiés protestants, était
né à Genève. Il construisit, en effet, une montre
qui marchait près d'une année sans avoir besoin
d'être remontée; mais il ne réussit pas à lui
imposer une précision absolue, et dut laisser
à Ferdinand Berthoud le mérite de ce perfec-
tionnement.

Roussel, rue Aubry-le-Boucher. « Il a fait
les horloges de Saint-Paul, de l'Hôtel-Dieu,
de l'hôtel des Postes, à quatre cadrans. »

Tavernier, rue de Bussy. « Un des plus re-
nommés pour les montres en bagues, en bra-
celets, en pommes de cannes, et autres du plus
petit calibre. »

Antonie, rue Galande, aux Barreaux verts.
« Est renommé pour les clefs de montres les
plus à la mode. »

[1] Voy. A. JANVIER, *Étrennes chronométriques*, p. 229.

Argand, place Dauphine. « Fait et tient assortiment de montres précieuses et enrichies de diamants. »

Brasseur, rue Bourg-l'Abbé. « Connu par une petite pendule de bureau à quatre cadrans, qui bat les secondes au centre, marque le quantième du mois et les phases de la lune, et dont le méchanisme est présenté de manière qu'on en voit opérer tous les mouvemens. »

Bunon, rue Coquillière. « Renommé pour de petits tournebroches portatifs qui s'adaptent partout à volonté. »

Courtois, rue Saint-Jacques, en face du collège du Plessis. « Vient de présenter un nouveau moyen de faire mouvoir le cylindre d'une grosse horloge ou pendule, de manière à faire entendre à chaque heure un air différent. »

Barbier le Jeune, sur le Pont-Marie. « Particulièrement renommé pour les pendules à carillon. »

Christin, « célèbre artiste, à qui l'on doit l'invention d'un nouvel échappement de montre à ancre, qui est très commode dans l'exécution des montres à secondes. »

Codevelle, rue de Bussy. « A exécuté pendant vingt ans les montres à cylindre de feu M. Baillon, horloger de la Reine. »

De la Chaussée fils, rue Galande. « Connu par les horloges horizontales de la cathédrale de Paris et de l'abbaye de Saint-Victor. »

De Ville-Neuve, rue de l'Arbre-Sec. « Vient d'établir des fusils à vent, dont le méchanisme pompe l'air avec bien plus de facilité, et en contient une telle quantité qu'on peut tirer plus de soixante coups de suite, dont plus de vingt-cinq à quatre-vingts pas, sans être obligé de recharger. »

Divernois, rue Dauphine. « A exécuté une montre à répétition qui a été montée en bague. »

Féron, rue Dauphine. « Vient de présenter une montre de sa composition, sans roue ni pignon, qui marque tous les mois de l'année et le quantième, sans être obligé d'y toucher dans aucun mois, même dans les années bissextiles. »

Fortin, rue de la Harpe, au coin de la rue du Foin. « Faict et vend un instrument propre à régler les pendules qui marquent l'équation[1]. »

Magito, rue Saint-Dominique. « A fait le tournebroche de S. A. S. Monseigneur le duc

---

[1] Différence entre le temps moyen et le temps vrai. Les

d'Orléans, qui est regardé comme un chef-d'œuvre en ce genre. »

Mangeant, rue du Pourtour-Saint-Gervais. « A fait deux méridiens sphériques, dont le premier a été adressé au roi de Prusse, qui annonce par un coup de canon le passage du soleil, et sert de règle fixe à toutes les horloges, montres et pendules de la ville. Il serait à désirer qu'il y en eût de pareils en cette capitale. »

Millot, rue du Bac. « Est auteur d'une nouvelle pendule à demi-secondes, qui sonne les heures, les demies, marque l'année, le mois, les jours de la semaine, le quantième du mois, celui de la lune, le lever et le coucher du soleil pour Paris, pendant l'espace de 9999 années, temps auquel l'horloge ne subsistera certainement plus depuis longtemps. »

Pepin, rue de la Coutellerie. « Un des plus habiles artistes pour les grosses horloges. A exécuté celles de Saint-Sauveur et du sémi-

premières pendules marquant l'équation datent du commencement du dix-huitième siècle. Les horloges publiques de Paris continuèrent à marquer le temps vrai jusqu'en 1828. La première qui ait indiqué le temps moyen est celle de la Bourse, exécutée au cours de cette année par Pierre-Michel Lepaute. Elle coûta 30,000 francs.

naire Saint-Sulpice, qui sont regardées par les artistes mêmes comme des chefs-d'œuvre en ce genre. »

Roizin, rue de Charonne. « Est auteur des tournebroches de l'École royale militaire, des Invalides et de l'Hôpital, qui se meuvent par très peu de forces et tournent plus de 400 pesants. »

Roque, passage du Saumon. « A exécuté les superbes globes mouvans du cabinet de Sa Majesté au château de la Muette. »

Ces citations donnent bien une idée des progrès accomplis depuis un siècle par l'horlogerie parisienne. La prédilection que montrèrent pour cet art tous les Bourbons n'y avait pas été étrangère ; on en trouve une preuve dans des lettres patentes datées de Versailles, 17 janvier 1787, et portant création d'une manufacture royale d'horlogerie à Paris [1]. Je ne crois pas, d'ailleurs, que ce projet ait jamais été réalisé.

Les horlogers étaient alors divisés en trois classes : les *horlogers-grossiers,* qui fabriquaient les ouvrages les moins délicats, tels que tournebroches, grandes horloges d'église, caril-

---

[1] Voy. Isambert, *Anciennes lois françaises,* t. XXVIII, p. 313.

lons, etc.; les *horlogers-penduliers*, et les *horlogers-menuisiers;* ceux-ci, les plus habiles de la corporation, avaient la spécialité des montres, des pendules à équation, etc.

Vers la fin du dix-huitième siècle, le nombre des maîtres était de 180 environ. Le brevet d'apprentissage coûtait 54 liv. et la maîtrise 900 liv., prix que l'édit de 1779 abaissa à 500 liv. Comme la plupart des corporations appelées à travailler les métaux, celle des horlogers avait pour patron saint Éloi. Son bureau était situé place du Parvis Notre-Dame.

Pendant tout le dix-huitième siècle, les élégants et les grandes dames portaient deux montres; souvent, l'une était en argent et l'autre en or [1]. Au commencement du siècle, on pouvait se donner des airs de petit-maître à peu de frais, en étalant sur le gilet le cordon ou la chaine retenus dans les goussets par un objet quelconque [2]. On dut ensuite exhiber les deux montres qui, ornées de bruyantes breloques [3], pendaient à découvert à droite et à gauche, sur le devant de la culotte ou de la

[1] *Lettres de la princesse palatine,* 7 juillet 1718 et 29 mars 1721, t. I, p. 419, et t. II, p. 315.

[2] *Mémoires secrets dits de Bachaumont,* 12 janvier 1780, t. XV, p. 17.

[3] MERCIER, *Tableau de Paris,* ch. 820, t. X, p. 233.

jupe [1]. Cette mode, précieuse pour les voleurs,
fut de longue durée. On en vint pourtant à
n'avoir qu'une montre et à la mettre dans la
poche ; mais les premières femmes qui se montrèrent si sages « scandalisèrent autant que si
elles eussent fait une indécence : » c'est madame de Genlis [2] qui le dit.

Au mariage des princesses, on voyait toujours figurer dans la corbeille un grand nombre
de montres. La mariée n'en conservait que
quelques-unes, et offrait les autres à son en-
tourage. Il y avait cinquante et une montres dans
la corbeille de Marie-Antoinette [3]. Le duc d'Aumont et le duc de Villequier reçurent chacun
« une montre d'or à répétition avec garniture
et chiffre de diamant. » On donna encore une
montre à répétition avec bouton et aiguilles de
diamant à MM. de la Roche-Aymon, de Bourbon-Busset, le marquis de Saint-Herem, les
comtes de Beaumont, de Damas et de Choiseul, tous menins du Dauphin ; ainsi qu'au
vicomte de Coëtlosquet, au comte de Luppé,

---

[1] Voy. dans REISET, *Livre-journal de madame Éloffe*,
t. I, p. 369, une gravure de modes représentant une élégante
de 1783. La description de cette gravure se trouve p. 218.

[2] *Dictionnaire des étiquettes de la cour*, t. I, p. 402.

[3] Et en outre : **52** tabatières d'or, **9** flacons d'or, **11** étuis
d'or, **13** porte-crayons d'or, **1** écritoire d'or, etc., etc.

aux chevaliers de la Billarderie, de Villeneuve
et de Montesquiou, gentilshommes de la
manche. Les médecins, chirurgiens, apothi-
caires et huissiers du roi eurent chacun une
montre à répétition sans diamants[1].

Vingt-cinq ans plus tard, toutes ces montres étaient devenues des objets à la fois com-
promettants et inutiles, car la Convention venait de partager le jour astronomique en dix
heures au lieu de vingt-quatre. Elle avait accordé un délai de dix mois seulement pour
transformer tous les instruments chronométriques[2], aussi les horlogers s'empressaient-ils
de construire des montres et des pendules
portant cette nouvelle division du temps. Le
plus souvent, elle figura sur un second cadran
placé au-dessus ou au-dessous de l'ancien.
Parfois aussi, les mêmes aiguilles indiquèrent
à la fois l'heure ancienne et la nouvelle, l'une
et l'autre inscrites sur deux cadrans concentriques[3].

[1] *Description et relation de tout ce qui a été fait et de ce
qui s'est passé à l'occasion du mariage de Louis-Auguste,
Dauphin de France, avec Marie-Antoinette-Josephe-Jeanne,
archiduchesse d'Autriche. Par M. de la Ferté, intendant
des menus.* Bibliothèque Mazarine, *manuscrits*, n° 2937,
f° 305. — Voy. ci-dessous, p. 206.

[2] *Instruction sur l'ère de la République*, 1re partie, § 5.

[3] Voy. la collection de montres et de pendules révolu-

Dans le système adopté par la Convention, l'heure nouvellé se divisait en dixièmes, et chaque dixième en centièmes [1]. D'où il résulte que :

Chaque heure nouvelle valait deux heures vingt-quatre minutes anciennes ;

Chaque dixième valait quatorze minutes et vingt-quatre secondes anciennes, ou près d'un quart d'heure ;

Deux dixièmes valaient une demi-heure ancienne, moins une minute et douze secondes ;

Quatre dixièmes valaient cinquante-sept minutes trente-six secondes, ou une heure ancienne moins deux minutes vingt-quatre secondes ;

Douze dixièmes et demi représentaient exactement trois heures anciennes, et vingt-cinq dixièmes représentaient six heures anciennes.

Cinquante dixièmes, ou cinq heures nouvelles, représentaient douze heures anciennes.

Il est inutile d'insister davantage sur cette

tionnaires conservée au musée Carnavalet. — Une pendule *décimale* fut offerte à la Convention au cours de la séance du 8 novembre 1793. Voy. le *Moniteur.*

[1] Dans le tableau que je reproduis ci-dessous, p. 171, les petites capitales H D C placées en haut des deux dernières colonnes, signifient *heures, dixièmes, centièmes.*

application du système décimal, car il ne survécut guère au règne de la Convention, et ne
resta par conséquent en vigueur que pendant
quelques mois.

Il n'en fut pas de même du calendrier que
cette assemblée avait créé et adopté.

Dans sa première séance, tenue le 21 septembre 1792, elle déclara abolie la royauté et
proclama la république. Le décret rendu à cette
occasion fut promulgué le lendemain, jour
où le soleil atteint l'équinoxe vrai d'automne
à 9 heures 18 minutes 30 secondes du matin.
C'est de ce jour qu'un décret du 5 octobre 1793
fit dater l'ère républicaine. La première année
de cette ère commença le 22 septembre 1792
à minuit, et finit à minuit séparant le 21 du
22 septembre 1793[1].

Ce décret annulait[2] un décret antérieur,
qui avait fixé au 1er janvier 1793 le début de
la deuxième année républicaine. On n'en vint,
en effet, à faire commencer l'année à l'heure
de minuit du jour où tombe l'équinoxe vrai
d'automne pour l'observatoire de Paris, qu'après de longs tâtonnements, dont il est curieux

---

[1] Article 4.
[2] Article 5.

de suivre la trace dans le *Moniteur,* journal
officiel du temps.

Au numéro du *mardi,* 13 *juillet* 1790
succède celui du
Mercredi, 14 *juillet,* 1ᵉʳ *jour de la* 2ᵉ *année de
la Liberté.*

La prise de la Bastille inaugurait donc la
première année de la Liberté.

Au numéro du *lundi,* 20 *août* 1792, 4ᵉ *année
de la Liberté*
succède celui du
Mardi, 21 *août* 1792, *l'an IV*ᵉ *de la Liberté
et le* 1ᵉʳ *de l'Égalité.*

Au numéro du *dimanche,* 23 *septembre* 1792,
l'an 4ᵉ *de la Liberté et le* 1ᵉʳ *de l'Égalité*
succède celui du
Lundi, 24 *septembre* 1792, *l'an* Iᵉ *de la
République française.*

Au numéro du *dimanche,* 6 *octobre* 1793,
l'an 2ᵉᵐᵉ *de la République française*
succède celui du
16 *du* 1ᵉʳ *mois, l'an II de la République
française.*

Au NUMÉRO du *7 du 2° mois* (*28 octobre*),
l'an II de la République une et indivisible

succède celui du

*Octodi, 1ʳᵉ décade de brumaire, l'an 2° de la
République une et indivisible* (29 octobre 1793,
vieux style).

Au NUMÉRO du 10 *nivôse an 14 de la République* (31 *octobre* 1805)

succède celui du

Mercredi, 1ᵉʳ *janvier* 1806.

L'ère républicaine avait donc été en usage
pendant près de quatorze ans [1]. Voyons quel
était le calendrier dont on l'avait dotée.

Un premier projet, préparé par des savants
tels que Monge, Lagrange, Guyton-Morveau,

[1] L'an Iᵉʳ avait commencé le 22 septembre 1792.

—	II	—	—	22	—	1793.
—	III	—	—	22	—	1794.
—	IV	—	—	23	—	1795.
—	V	—	—	22	—	1796.
—	VI	—	—	22	—	1797.
—	VII	—	—	22	—	1798.
—	VIII	—	—	23	—	1799.
—	IX	—	—	23	—	1800.
—	X	—	—	23	—	1801.
—	XI	—	—	23	—	1802.
—	XII	—	—	24	—	1803.
—	XIII	—	—	23	—	1804.
—	XIV	—	—	23	—	1805.

Pingré, Dupuis, et rédigé par le député Romme, fut soumis à la Convention dans sa séance du 5 octobre 1793. Mais il faut reconnaître qu'on y avait un peu trop sacrifié le bon sens au culte des idées alors en faveur.

Les douze mois devaient porter les noms suivants :

République.	*Régénération.*
Unité.	*Réunion.*
Fraternité.	*Jeu de paume.*
Liberté.	*Bastille.*
Justice.	*Peuple.*
Égalité.	*Montagne.*

Ces mois étaient composés chacun de trois décades de dix jours, savoir :

1er jour	*Niveau*........	symbole de l'égalité.
2e —	*Bonnet*........	symbole de la liberté.
3e —	*Cocarde*	couleurs nationales.
4e —	*Pique*.........	arme de l'homme libre.
5e —	*Charrue*	instrument de nos richesses terriennes.
6e —	*Compas*.......	instrument de nos richesses industrielles.
7e —	*Faisceau*	force qui naît de l'union.
8e —	*Canon*........	instrument de nos victoires.
9e —	*Chêne*........	emblème de la génération et symbole des vertus sociales.
10e —	*Repos.*	

Dans ce système, la date du 5 octobre 1793 eût été exprimée ainsi : *Charrue*, *2ᵉ décade de République, l'an II de la République française.*

C'était absolument grotesque. Aussi Bentabole engagea-t-il l'Assemblée à ne pas « changer les subdivisions du temps et leur dénomination. » Duhem proposa de s'en tenir à l'ordre numérique, « qui est celui de la nature. » Mais alors, répliquait Romme, « vous n'imprimerez pas à votre calendrier le cachet moral et révolutionnaire qui le fera passer aux siècles à venir. » Cette perspective n'émut pas les députés, qui se bornèrent à adopter, pour la nomenclature des mois et des jours, la « dénomination ordinale. » Elle data donc son procès-verbal du *15ᵉ jour du 1ᵉʳ mois de l'an II de la République française.* Mais ce procédé souleva bientôt de vives critiques, et l'on invita la commission à recommencer son travail.

Fabre d'Églantine, rapporteur d'un second projet, fut entendu le 24 octobre. Cette fois, les mois avaient reçu des noms bien choisis, et ils se succédaient dans cet ordre :

Vendémiaire, ou mois des vendanges.
Brumaire,   —   brumes.
Frimaire,   —   frimas.
Nivôse,   —   neiges.

Pluviôse,	ou mois des	pluies.
Ventôse,	—	vents.
Germinal,	—	germes.
Floréal,	—	fleurs.
Prairial,	—	prairies.
Messidor,	—	moissons.
Thermidor,	—	chaleurs.
Fructidor,	—	fruits.

Comme dans le projet précédent, ces mois avaient chacun trente jours, soit 360 pour l'année, qui était terminée par cinq jours complémentaires placés à la suite de fructidor. Ces cinq jours, appelés *sanculotides*, étaient consacrés à des fêtes nationales. On célébrait :

Le 1er jour, la fête *de la vertu.*

2e — — *du génie.*

3e — — *du travail.*

4e — — *de l'opinion.*

5e — — *des récompenses.*

Tous les quatre ans, on ajoutait un sixième jour de sanculotide, et cette année de 366 jours était dite *sextile.* La période de quatre ans prenait le nom de *Franciade*, et le jour ajouté devait être « consacré à célébrer la Révolution Françoise, qui, après quatre ans d'efforts et de combats contre la tyrannie, a conduit le

Peuple François au règne de l'Égalité[1]. »

Chaque mois se composait de trois décades de dix jours. Le dixième, appelé *décadi*, remplaçait notre dimanche comme jour de repos. « La loi, disent les instructions officielles[2], laisse à chaque individu à distribuer lui-même les jours de travail et de repos à raison de ses besoins, de ses forces, et selon la nature de l'objet qui l'occupe. Mais comme il importe que les fonctionnaires, les agents publics, qui sont comme autant de sentinelles placées pour veiller aux intérêts du peuple, ne quittent leur poste que le moins possible, la loi ne tolère de vacances pour eux qu'au dernier jour de chaque décade. » Les dix jours qui constituaient chacune d'elles étaient nommés :

Primidi[3].	*Sextidi.*
Duodi.	*Septidi.*
Tridi.	*Octidi.*
Quartidi.	*Nonidi.*
Quintidi.	*Decadi.*

Le premier projet de calendrier avait été

[1] G. Romme, *Instruction sur l'annuaire républicain.*

[2] *Instruction sur l'ère de la République et sur la division de l'année,* dans le *Moniteur,* numéro de Septidi, **27** frimaire an II (mardi, **17** décembre 1793).

[3] *Primus dies.*

ainsi fort simplifié, et la Convention se trouvait enfin en présence d'une proposition raisonnable. Des deux formules : *Quartidi, 4 frimaire an II*, et *Dimanche 24 novembre* 1793, la
première était, à coup sûr, la plus rationnelle,
puisque le mois de novembre, autrefois le
neuvième de l'année, en était devenu le onzième.

En face de chacun des nouveaux jours figu-
rait, non plus un nom de saint, mais celui
d'une plante, sauf pour les quintidis, voués à
un animal, et pour les décadis, représentés
par un instrument aratoire. Cette innovation
malheureuse, qui prêtait fort au ridicule, avait
remplacé les « dénominations morales » pré-
cédemment proposées par Romme. Mais celles-
ci ne furent pas tout à fait sacrifiées. Chaque
décadi étant jour de fête, la loi se chargea
d'en déterminer l'objet, et le tableau des fêtes
décadaires fut ainsi réglé :

Le 10 vendémiaire fut consacré *à la Nature.*

— 20   —   —   *au Genre Humain.*
— 30   —   —   *au Peuple Français.*
— 10 brumaire   —   *aux Bienfaiteurs du
                              Genre humain.*
— 20   —   —   *aux Martyrs de la
                              Liberté.*

Automne.　VENDÉMIAIRE.　Iᵉʳ Mois.

Le Iᵉʳ répond au 22 Septembre (v. style).

J. du Mois.	NOMS des JOURS.	Productions naturelles et instrum. ruraux.		LEVER	COU-CHER.
			Au Iᵉʳ.	H. D. C.	H. D. C.
1	Primedi	Raisin.			
2	Duodi	Safran.	Du Soleil.	2 4 7	7 5 3
3	Tridi	Châtaigne.			
4	Quartidi	Colchique.	De la Lune	1 6 2	2 3 8
5	*Quintidi*	CHEVAL.			
6	Sextidi	Balsamine.			
7	Septidi	Carotte.			
8	Octidi	Amaranthe.			
9	Nonidi	Panais.			
10	DECADI	CUVE.			
11	Primedi	Pom. de terre.	Au 11.		
12	Duodi	Immortelle.			
13	Tridi	Potiron.	Du Soleil.	2 5 9	7 4 0
14	Quartidi	Réséda.	De la Lune	5 8 5	9 5 8
15	*Quintidi*	ANE.			
16	Sextidi	Belle-de-nuit.			
17	Septidi	Citrouille.			
18	Octidi	Sarrasin.			
19	Nonidi	Tournesol.			
20	DECADI	PRESSOIR.			
21	Primedi	Chanvre.	Au 21.		
22	Duodi	Pêche.	Du Soleil.	2 7 2	7 2 8
23	Tridi	Navet.	De la Lune	8 4 2	4 3 8
24	Quartidi	Amaryllis.			
25	*Quintidi*	BŒUF.	Équinoxe d'automne le 1 à..		8 7 6
26	Sextidi	Aubergine.	N. L. le 3. à..		2 1 0
27	Septidi	Piment.	P. Q. le 11 à..		2 7 9
28	Octidi	Tomate.	P. L. le 18 à..		0 2 6
29	Nonidi	Orge.	D. Q. le 24 à..		7 9 8
30	DECADI	TONNEAU.			

PREMIER MOIS DU CALENDRIER RÉPUBLICAIN
D'après l'édition officielle donnée par G. Romme.

Le 30 brumaire fut consacré à *la Liberté et à l'Égalité.*

— 10 frimaire   —   à *la République.*

— 20   —   —   à *la Liberté du Monde.*

— 30   —   —   à *l'Amour de la Patrie.*

— 10 nivôse   —   à *la haine des Tyrans et des Traîtres.*

— 20   —   —   à *la Vérité.*

— 30   —   —   à *la Justice.*

— 10 pluviôse   —   à *la Pudeur.*

— 20   —   —   à *l'Immortalité.*

— 30   —   —   à *l'Amitié.*

— 10 ventôse   —   à *la Frugalité.*

— 20   —   —   au *Courage.*

— 30   —   —   à *la Bonne Foi.*

— 10 germinal   —   à *l'Héroïsme.*

— 20   —   —   au *Désintéressement.*

— 30   —   —   au *Stoïcisme.*

— 10 floréal   —   à *l'Amour.*

— 20   —   —   à *la Foi conjugale.*

— 30   —   —   à *l'Amour paternel.*

— 10 prairial   —   à *la Tendresse maternelle.*

— 20   —   —   à *la Piété filiale.*

— 30   —   —   à *l'Enfance.*

— 10 messidor   —   à *la Jeunesse.*

— 20   —   —   à *la Virilité.*

— 30   —   —   à *la Vieillesse.*

— 10 thermidor   —   au *Malheur.*

— 20   —   —   à *l'Agriculture.*

Le 30 thermidor fut consacré *à l'Industrie.*
— 10 fructidor   —   *à nos Aïeux.*
— 20   —   —   *à la Postérité.*
— 30   —   —   *au Bonheur.*

J'ai dit que le calendrier républicain resta en usage jusqu'à l'an XIV; un sénatus-consulte du 22 fructidor an XIII ayant décidé que le lendemain du *mardi* 10 *nivôse an XIV*, serait le *mercredi* 1er *janvier* 1806.

Cette mesure avait été prise à la suite d'un rapport lu par Laplace, et d'un exposé des motifs fort bien fait que Regnaud de Saint-Jean d'Angely et Mounier avaient présentés au Sénat[1].

On y voit que la division des mois en semaines était rétablie depuis longtemps, et que le calendrier républicain ne s'employait plus que dans les actes officiels; dans l'ordre religieux, comme dans les relations sociales, tout le monde y avait renoncé.

« Si, disaient les orateurs du gouvernement, ce calendrier avait la perfection qui lui manque, S. M. I. et R. ne se serait pas décidée à en proposer l'abrogation. Elle eût attendu du temps, qui fait triompher la raison des préjugés, la vérité de la prévention, l'utilité de la routine, l'occasion de faire

[1] Voy. le *Moniteur universel* du 23 fructidor an XIII, et ci-dessous, p. 220.

adopter par toute l'Europe, par tous les peuples civi-
lisés un meilleur système de mesure des années,
comme on peut se flatter qu'elle adoptera un jour un
meilleur système des mesures, des espaces et des
choses. Mais les défauts de notre calendrier ne lui
permettaient pas d'aspirer à l'honneur de devenir le
calendrier européen. Ses auteurs n'ont pas profité
des leçons qu'après l'histoire, les savants contempo-
rains leur avaient donn ées. Il faut, quand on veut
travailler pour le monde et les siècles, oublier le jour
que l'on compte, le lieu où l'on est, les hommes qui
nous entourent; il faut ne consulter que la sagesse,
ne céder qu'à la raison, ne voir que l'avenir. En
méconnaissant ces principes, on ne fait que créer
des institutions passagères auxquelles l'opinion ré-
siste, que l'habitude combat, même chez le peuple
pour qui elles sont faites, et qu'au dehors la raison
repousse comme une innovation sans utilité, comme
une difficulté à vaincre, sans bienfait à recueillir.
Le calendrier grégorien, auquel S. M. vous propose,
Messieurs, de revenir, a l'avantage inappréciable
d'être commun à presque tous les peuples de l'Europe. »

Les horlogers de Paris avaient pris pour
armoiries : *D'azur, à une pendule d'or, accostée
de deux montres d'argent marquées de sable* [1],
armoiries qui sont ordinairement accompa-
gnées d'une devise un peu prétentieuse : *Solis*

[1] Bibliothèque nationale, manuscrits, *Armorial général,*
t. XXV, p. 543.

mendaces arguit horas. C'était sans doute là une fière réponse à la phrase de Virgile :

> . . . . . .Solem quis dicere falsum
> Audeat[1] ?

Mais l'honneur d'avoir découvert les irrégularités de la marche supposée du soleil n'appartient pas aux horlogers : l'astronome Hipparque les avait constatées un siècle avant la naissance de Virgile. La vérité est que, en les supposant ignorées, elles eussent été révélées le jour où Huygens eut l'idée d'appliquer le pendule à la marche des horloges. L'horlogerie n'en est pas moins de tous les arts mécaniques celui qui approche le plus de la perfection, et Bailly a pu écrire avec raison[2], que l'homme est parvenu à « faire mouvoir une horloge d'un mouvement plus égal que celui des astres. »

[1] *Géorgiques,* I, 463.
[2] *Histoire de l'astronomie moderne,* t. II, p. 263.

ÉCLAIRCISSEMENTS

I

PREMIERS STATUTS DES HORLOGERS [1]

[1544]

Français, par la grace de Dieu Roy de France, savoir faisons à tous presens et advenir.

Nous avoir receu l'humble supplication de nos bien aimés, Fleurent Valleran, Jean de Presles, Jean Pantin, Michel Potier, Anthoine Beauvais, Nicolas Moret et Nicolas le Contandois, maistres Orlogeurs demeurant en nostre bonne ville de Paris : maintenant que l'invention des orloges a esté trouvée pour vivre et se conduire en reigle et ordre de vertu. A ceste cause, est tres requis et necessaire pour le bien public en nostre Ville de Paris, cappitalle de nostre Royaume, qu'il y ayt personnages expers, cognoissans et sachans seurement l'ouvrage et besogne ou art et mestier de l'orlogeur, et qu'ilz facent iceulx ouvrages de bonnes matieres et estoffes, pour obvier aux abus, mal fasons, faultes et negligences, qui journellement estoient et sont faictes et commises par plusieurs dudit mestier d'orlogeur, et qu'ils ne facent iceulx, ne l'entendans et y besongnans, de mauvaises matieres et estoffes ; tellement que les orloges ainsy mal faictes

---

[1] Voy. ci-dessus, p. 81.

ne vont de mesure, et sy ne peuvent estre rabillez, et ceux qui y employent leur argent le perdent, au grand prejudice du bien public et perturbation du dit ordre. Pour lequel ordre de bien en mieux observer et entretenir, à ce que par le moyen des ouvrages bien faictes et de mesure, l'on se puisse certainement conduire, estoit necessaire de faire ledit mestier juré en nostre Ville de Paris, afin qu'il n'y eust audit mestier que les cappables, idoynes et suffisans reçeus à y besongner et ouvrer.

Et à cet effect, nous auroient lesdits supliants baillé requeste et certains articles contenants les statuzs et ordonnances requizes et necessaires estre gardez et observez audit mestier, qui ainsy seroit juré, pour estre par Nous approuvez et confirmez. Ce que n'aurions voulu faire sans avoir premierement sur ce l'advis de nostre Prevost de Paris ou ses lieutenants, ou autres nos officiers dudit lieu au Chastellet. Ausquelz a ces fins aurions renvoyé ladite requeste et articles. Et iceulx par eux veus et entendus, les nous auroient renvoyés avec leurdit advis. A ces fins, Nous, voulans non seullement faire cesser mais entierement oster lesdits abus, faultes et malversations, avons par l'advis et deliberation de nostre Conseil privé, auquel avons faict voir et entendre bien au long lesdites requestes et advis, et suivant iceulx advis cy attachés soubz le contresel de nostre Chancellerye, créé et erigé par ces presentes, et de nostre certaine [science], plaine puissance et auctorité Royale, dressons et erigeons, par edit perpetuel et irrevocable, ledit art d'orlogeur mestier juré en nostre dite Ville de Paris.

Et pour la garde et conservation dudit mestier ainsi juré, avons fait les statuts et ordonnances qui suivent pour estre inviolablement gardés et observés.

Premièrement. Avons statué et ordonné, 'statuons et ordonnons que la communauté d'iceluy mestier choisira et eslira deux preud'hommes maistres, [pour être] Jurés dudit mestier. Lesquelz après ladite election seront instituez Gardes et Visiteurs d'iceluy mestier, et seront tenus iceulx Gardes et Visiteurs d'aller en visitation de quinze jours en quinze jours et plus souvent sy bon leur semble : et est necessaire, pour voir lesdicts maistres à ce qu'ils ne commettent abus, faultes et malversations. Et là où ilz trouveront y avoir faulte [es ouvrage des] maistres ou leurs serviteurs, en feront rapport à la chambre de Nostre procureur au Chastelet, pour estre reprimandez, correction et reparation exemplaire de ladite faulte, selon que le cas requerra. Enjoignons à nostredit procureur d'en faire la poursuitte, sans faveur ne dissimulation.

Item. Que l'un desdits Gardes et Visiteurs changera d'an en an; et sera mis par ladite election un nouveau maistre et Visiteur avec l'ancien et precedent, tellement que chacun desditz Gardes et Visiteurs feront ladite charge par l'espace de deux ans entiers.

Item. Que les maistres jurez dudit mestier d'orlogeurs ne pourront prendre aprentifs pour moins de temps que de six ans. Et s'il est trouvé un aprentif avoir esté pris pour moindre temps, ledit maistre sera condemné à une amende arbitraire, applicable moityé à nous et l'autre moitié auxditz Gardes et

Visiteurs, pour faire les frais des visitations et de la poursuite de faire adjuger lesdites amendes.

Item. Qu'en un mesme temps, lesdicts maistres ne pourront prendre que un aprentif. Touttefois après que le premier apprentif aura faict quatre années de son apprentissage de ses six ans, iceulx maistres pourront prendre un autre et second aprentif. Et là où lesdits maistres feront le contraire, seront amendez en amende arbitraire, applicable comme dessus.

Item. Ne pouront aucuns desdits maistres prendre aprentif ou compagnon varlet dudit mestier, qui aist esté loué à d'autres maistres dudit mestier, qu'ils ne sachent bien prealablement si son premier maistre est content de luy : sur ladite peyne applicable comme dessus.

Item. Que nul ne pourra estre maistre orlogeur ne Juré dudit mestier en nostre Ville de Paris, ne tenir ouvrouer d'iceluy mestier, jusques à ce qu'il aist faict son chef d'œuvre, qui luy sera ordonné par lesditz Gardes ou Visiteurs; et estre rapporté par iceulx estre à ce idoyne et suffisant en ladite chambre de nostre procureur.

Item. Que les enfans des maistres jurez dudit mestier d'orlogeurs pourront estre receus maistres d'iceluy mestier sans faire ledit chef d'œuvre, pourveu qu'ilz soient, après avoir faict experience dudit mestier, trouvés suffisans par lesdits Gardes et Visiteurs, et telz par eulx rapportez en la chambre de nostre procureur.

Item. Que lesdictz maistres ne pourront besogner audit mestier, s'ils ne tiennent boutique et ouvrouer ouvert respondant sur rue publique.

Item. Ceux qui voudront presentement estre maistres dudit mestier seront tenus faire chef-d'œuvre dudit mestier, qui sera ordonné par aucuns des anciens maistres et des plus experimentez ou autres tenant à present boutique ouverte dudit mestier en nostre Ville de Paris; qui à cest effect et pour cette fois seullement, seront [commis] par nostre Prevost de l'aris ou son Lieutenant. Et s'ilz sont trouvez suffisans et tels rapportés par iceulx, seront reçeus maistres dudit mestier. Et après icelle première reception seront faits et passés maistres, selon et ainsy qu'il est cy-dessus contenu.

Item. Que nuls de tel estat qu'ilz soient, s'ils ne sont reçeus pas comme dit est, ne pouront faire ne faire faire orloges ou reveils-matins, montres grosses ne menues, ne autres ouvrages dudit mestier d'orlogeurs dedans la ville, cité, ne banlieue dudit Paris, sur peyne de confiscation desdit ouvrages et amende arbitraire applicable comme dessus.

Item. Que lesdits maistres jurez dudit mestier d'orlogeurs seront tenus prendre marque, qu'ilz declareront ausdits Gardes et Visiteurs : pour [d'icelles] marques ainsy prises et declarées, marquer les ouvrages qu'ilz feront, et non d'autres; sur peine de confiscation de leurs ouvrages qui ne se trouveront avoir esté marquez selon qu'il est cy dessus contenu et declaré, et d'amende arbitraire applicable comme dessus.

Item. Que toutes marchandises foraines dudit mestier qui seront aportées et conduites de quelque lieu que ce soit dedans nostre Royaulme ou dehors en nostre dite Ville de Paris pour y estre vendues

en gros ou par le menu, seront prealablement visi-
tées par lesdits Gardes et Visiteurs sur peine de
confiscation d'icelle marchandise ainsi prohibée et
d'amende arbitraire applicable comme dessus.

Item. Que les merciers ne autres faisant faict de
marchandises dudit mestier ne pouront achepter
ne vendre telle marchandise hors de la cité et banlieue de Paris, qu'elle n'ait esté visitée et trouvée
bonne par lesdits Gardes et Visiteurs, sur peine de
confiscation de ladite marchandise et d'amende
arbitraire applicable comme dessus. Aussi lesditz
Gardes et Visiteurs pouront et leur permettons faire
visitation de toutes marchandises concernant ledit
mestier d'orlogeur, en et dedans nostre Palais, ville
et banlieue dudit Paris.

Item. Que les femmes veufves des maistres dudit
mestier, durant leur viduité seullement, pouront
tenir boutique dudit mestier et jouir des priviléges
d'iceluy mestier, pourveu qu'elles ayent en leurs
maisons hommes seurs et expertz audit mestier,
dont elles responderont quand requises seront. Et
là où elles se remarieront avec ceux dudit mestier
qui ne seront maistres, faudra et ilz seront tenus
leur dit second mary estant de ladite qualité, faire
chef d'œuvre dudit mestier tel qu'il leur sera baillé
et deliberé par lesdits Gardes et Visiteurs, pour estre
faicts et passés maistres s'ils sont trouvés sufisants
par leur chef-d'œuvre : ou autrement comme les
autres dessus dit. Autrement lesdites veufves ainsy
remariées ne jouiront plus dudit mestier, ne des
priviléges [d'icelui].

Ce donnons en mandement par ces presentes a

nos amez et feaux conseillers les Gens tenans nostre cour de parlement à Paris, à nostre Prevost dudit lieu ou à son Lieutenant, et à tous nos autres Justiciers et Officiers, leurs Lieutenans, et à tous et à chacun d'eux en droict soy, si comme à luy appartiendra, que nos presens editz et status, gardent, entretiennent et observent, et facent inviolablement garder, entretenir et observer, lire, publier et enregistrer en leur cour et jurisdiction, et partout ailleurs ou besoing sera, et du contenu cydessus jouir et user lesditz maistres jurez dudit mestier d'orlogeurs et leurs veufves et enfans plainement, paisiblement et perpetuellement, sans à ce leur faire ne souffrir estre faict, mis ou donné, ores ne à l'advenir, aucun trouble, destourbier ou empeschement, et à ce faire et souffrir contraignent ou facent contraindre iceulx qu'il appartiendra par telles voyes deues et en tel cas requises.

Et affin que ce soit chose ferme et stable à tousjours, nous avons faict mettre nostre scel à ces presentes, sauf en autres choses nostre droict, et l'autruy en toutes.

Donné à Saint Maur des fossez, au mois de Juillet, l'an de grace mil cinq cent quarante quatre, et de nostre regne le trentiesme.

II

ADJUDICATION DE L'HORLOGE
DE L'HOTEL DE VILLE[1]

[1612]

Comme suivant les affiches mises et apposées, tant à la cour du Pallais que aultres lieux et places accoustumées, pour bailler à faire au rabais, au Bureau de la ville, les mouvemens de l'orloge qu'il convient faire en l'Hostel de ladicte Ville, se seroient presentez au bureau les nommez Ferrieres, Martinot, Volant, Hebrat, Dieu, et plusieurs aultres m^{es} orlogiers de ceste ville, et Jehan Lintlaer, maistre de la pompe du Roy : ausquelz a esté proposé et publié la dicte orloge estre à faire et bailler au rabaiz. Laquelle sera de la grandeur, grosseur et de pareilles estoffes que celle du Pallais, et la rendre bien et deuement faicte au dire des gens ad ce congnoissans, assize et en place dedans le premier jour d'aoust prochainement venant.

Et sur les demandes excessives desdicts maistres orlogiers pour faire ce que dessus, les ungs de quatre mil cinq cens livres et les aultres de trois mil six cens livres, aurions remis par plusieurs fois ladicte adjudication, affin de les pouvoir faire venir à la raison, tellement que pas ung desdicts maistres

[1] Voy. ci-dessus, p. 125.

orlogiers de ceste dicte ville ne l'auroient voullu
entreprendre à moins que de trois mil trois cens
livres, fors ledict Jehan Lintlaer qui a offert et
entrepris de faire icelle orloge pareille que celle
dudict Pallais, tant en grandeur, grosseur, que
estoffes, voire plus pesante de trois cens livres, et
la rendre assize et en place dedans le dict jour
premier aoust prochain venant, mesme l'entretenir
un an durant, le tout moyennant le pris et somme
de trois mil livres tournois.

Au moyen de quoy et attendu qu'il ne s'est présenté aulcunes aultres personnes pour faire la condition de la ville meilleure que le dict Lintlaer,
avons, en la présence du Procureur du Roy de la
ville, audict Jehan Lintlaer adjugé et adjugeons la
dicte besongne cy dessus, à la charge que, suivant
ses offres, il la fera de bonnes estoffes et mathières,
et semblable tant en grosseur, largeur et haulteur
que celle du Pallais, mesmes plus pesante de trois
cens, et la posera en place, la rendra sonnante ; et
le tout bien et deuement faict, au dire de gens ad ce
congnoissans, dedans le premier jour d'aoust prochain venant ; et outre l'entretiendra un an durant
à ses fraiz et despens.

Le tout, moyennant·le prix et somme de trois
mil livres tournois, qui luy sera payée par maistre
Claude Lestourneau, receveur du domaine, dons et
octrois de ladicte ville, au feur et à mesure qu'il
travaillera et selon noz ordonnances et mandemens.
Et en ce faisant sera tenu de fournir du tout ce
qui sera nécessaire jusques à la perfection de l'œuvre,
et sonnante.

Et où ledict Lintlaer n'aura faict ladicte orloge posée en place et sonnante dans ledict premier aoust prochain venant, luy sera desduict et rabattu sur la dicte somme de trois mil livres tournois, la somme de six cens livres tournois. Et en oultre sera tenu de bailler bonne et suffisante caultion, tant de rendre icelle orloge bien et deuement faicte comme dessus, que des deniers qu'il recevra.

Et à tout ce que dict est, ledict Lintlaer à ce présent, s'est obligé et oblige par ces présentes, et a promis y satisfaire.

Faict au bureau de la ville, le samedy quatorziesme jour de janvier mil six cens douze.

Du mardy, septiesme jour de febvrier mil six cens douze.

Le dict jour est comparu au Bureau de la ville le dict Jehan de Lintlaer, maistre de la pompe du Roy et entrepreneur des mouvemens de l'horloge dudict Hostel de Ville, lequel, suivant son marché et adjudication du quatorziesme janvier dernier, a présenté pour caultion des deniers qu'il recepvra, Pierre Langlois, bourgeois de Paris, demeurant rue Sainct-Denis, paroisse de Sainct-Germain-de-Lauxerrois. Lequel à ce present a pleigé et caultionné le dict Lintlaer pour le contenu cy dessus, et a faict les submissions accoustumées, et a ledict Langlois declaré luy appartenir la moictié d'une maison scize ès fauxbourgs Sainct-Martin et vingt arpens de terre scize ès environ de la Villette. Nous avons la dicte caultion receu et la recevons par ces presentes, du consentement du Procureur du Roy de la ville.

Ainsi signé : LANGLOIS et JEHAN LINTLAER.

***

III

SECONDS STATUTS DES HORLOGERS [1]

[1646]

Premièrement. Les maistres et gardes Horlogers de la ville de Paris feront dire et célébrer une messe tous les premiers dimanches du mois, pour prier Dieu pour la prospérité du Roy, de la Reine, et de Messieurs les Princes de leur bon Conseil.

Item. Qu'il y aura trois gardes et visiteurs, dont du moins l'un sera ancien, et seront élus par la communauté et pluralité des voix des maistres Horlogers de Paris, pardevant Monsieur le Procureur du Roy au Chastelet de Paris, et feront ladite charge deux ans entiers.

Item. Que les maistres dudit art ne pourront prendre aucun aprentif pour moins de huit ans, et seront tenus et obligez les maistres d'apporter ausdits gardes de la communauté le brevet desdits aprentifs, dans quinze jours, pour mettre et enregistrer le jour et datte sur le registre desdits maistres Horlogers, pour obvier aux abus qui se pour-

---

[1] Voy. ci-dessus, p. 102.

roient commettre. Et pour cet effet ne pourront lesdits maistres Horlogers prendre aucun aprentif que
le premier aprentif n'aye fait les sept premières
années de son aprentissage : à peine de cinquante
livres d'amende aux contrevenans, moitié à Nous
et l'autre moitié aux gardes.

Item. Qu'après que les aprentifs auront fait
quelque temps chez leursdits maistres, et que ledit
maistre et aprentif se voulussent séparer du consentement de l'un et de l'autre, seront obligez d'apporter le brevet ès mains desdits gardes pour remettre
ledit aprentif chez un autre maistre pour parachever le temps qu'il restera : à peine d'amende aux
contrevenans, aplicable comme dessus.

Item. Qu'il ne sera permis à aucun maistre de
tenir des compagnons chez eux en pension ny ailleurs, et si lesdits compagnons ne pourront changer
de maistre dans nostre ville de Paris, si ce n'est du
consentement dudit maistre où ils demeureront, ou
bien sortir nostredite ville de Paris, et avoir esté
au moins trois mois dehors ladite ville et banlieuë :
à peine d'amende comme dessus.

Item. Que nul ne pourra estre receu maistre dudit
art d'Horloger en nostredite ville de Paris, qu'il
ne soit de bonne vie et mœurs, et qu'il n'ait fait le
Chef-d'œuvre qui luy sera donné, qui sera du moins
une horloge à reveil-matin; qu'il luy sèra ordonné
et commandé par lesdits gardes et anciens, lesquels
gardes seront tenus de prester le serment si ledit
aspirant a fait et parfait ledit Chef-d'œuvre, et ait
achevé le temps de son brevet d'aprentissage, et
montré quittance du maistre qu'il aura servi.

Item. Que les maistres dudit art d'Horloger de nostredite ville de Paris seront restraints et limitez au nombre de soixante et douze maistres, sans que l'on puisse augmenter le nombre, et que les fils de maistres estant capables seront preferables aux aprentifs : sur peine aux gardes dudit mestier qui y contreviendront de deux cens livres d'amende.

Item. Que nul ne pourra estre admis ny reçu à la maistrise dudit art d'Horloger, qu'il n'ait fait son aprentissage chez un maistre de nostredite ville de Paris.

Item. Que nul ne sera admis à la maistrise qu'il ne paye à la bourse la somme de quarante livres, pour subvenir aux affaires qui pourront arriver au corps dudit estat; à la réserve des fils de maistres qui ne payeront aucune chose.

Item. Que les veuves des maistres dudit art d'Horloger joüiront pendant leur viduité desdits mêmes priviléges que leur feu mary, à la reserve qu'elles ne prendront aucun aprentif.

Item. Il ne sera permis à aucun maistre dudit art d'Horloger de nostredite ville de Paris, de faire travailler, revendre ny colporter aucune marchandise hors leur boutique, sinon par leurs domestiques ou par des maistres Horlogers de nostre ville de Paris : à peine de confiscation de la marchandise et d'amende aplicable comme dessus.

Item. Il ne sera permis à aucun maistre de nostre ville de Paris, de changer ny effacer aucuns noms qui seront taillez ou gravez sur lesdits ouvrages d'horlogeries, attendu que cela ôte la bonne renommée et reputation de ceux qui les font, et aussi que

c'est pour surprendre et tromper le public : à peine
d'amende comme dessus.

Item. Qu'il ne sera permis à aucun orfèvre ny
autre de quelque estat et mestier qu'il soit, de se
mesler de travailler et negocier directement ou
indirectement d'aucune marchandise d'horlogerie,
grosse ou menuë, vieille ny neuve, achevée ou non
achevée, s'il n'est reçu maistre dudit art d'Horloger
dans nostre ville de Paris, pour obvier aux malversations dont le public reçoit un grand prejudice : à
peine de confiscation de la marchandise dont ils y
seront trouvez saisis et d'amende arbitraire.

Item. Que les marchands merciers-joyalliers ayant
pouvoir de trafiquer de toutes sortes de marchandises, ne pourront acheter, ny vendre aucune marchandise d'horlogerie dans nostre ville et banlieuë
de Paris, ny autres villes de nostre Royaume, que
premièrement ladite marchandise n'ait esté visitée
et marquée, et trouvée bonne par lesdits gardes
dudit art d'Horloger de nostre ville de Paris,
lesquels pourront aller en visitation chez lesdits
maistres marchands joyalliers, pour voir et visiter
ladite marchandise d'horlogerie, tant dedans l'enclos
et isle de nostre Palais, ville et banlieuë de Paris,
pour obvier aux abus et malversations qui se pourroient commettre au grand prejudice du public. Au
cas que lesdits marchands exposent en vente de la
dicte marchandise avant la visitation, elle sera con-
fisquée, et le marchand expositaire d'icelle condamné
en l'amende arbitaire.

Item. Que les gardes et visiteurs dudit art d'Horloger de nostre ville de Paris pourront aller en visite

à tel jour et heure qu'ils trouveront bon, et ne feront payer le droit de visite que de mois en mois : sçavoir huit sols de chacun maistre, pour payer les salaires des huissiers qu'ils meneront avec eux allant en visite.

Item. Que les maistres de nostre ville de Paris ne pourront faire travailler aucuns compagnons en ladite ville et fauxbourgs de Paris, ny en aucuns lieux privilegiez, tant de besogne neuve que vieille, ny racoutrage, qu'il ne soit maistre en nostre ville de Paris [1], sinon en leurs maisons et boutiques : a peine de confiscation desdits ouvrages, et d'amende comme dessus.

Item. Qu'aucun huissier ou sergent ne pourront priser ny vendre aucun ouvrage d'horlogerie, si elle ne fait partie d'inventaire, et qu'elle n'ait esté prisée d'un maistre Horloger de la ville de Paris : sur peine à l'huissier ou sergent de cent livres d'amende.

Item. Qu'il ne sera permis à aucuns revendeurs ou revenderesses, colporteurs, de vendre ny de faire vendre aucun ouvrage d'horlogerie : sur peine aux contrevenans de cent livres d'amende.

Item. Que les maistres Horlogers pourront faire ou faire faire tous leursdits ouvrages d'horlogerie, tant les boëtes qu'autres pièces de leurdit art, de telle étoffe et matière qu'ils aviseront bon estre pour l'embellissement de leursdits ouvrages, tant

---

[1] C'est-à-dire : à moins que celui-ci, bien que travaillant comme compagnon dans un lieu privilégié, n'ait été reçu maître horloger à Paris. Voy. ci-dessus, p. 108.

d'or que d'argent et autres étoffes[1] qu'ils voudront,
sans qu'ils puissent estre empeschez ny recherchez
d'autres que par Nous : sur peine de quinze cens
livres d'amende, suivant nostre arrest du Conseil,
moitié à Nous, èt l'autre moitié ausdits gardes des
maistres Horlogers de nostre ville de Paris.

Item. Qu'il sera loisible à un maistre rencontrant
quelque garçon qui aye quelque commencement et
connoissance audit art, de le prendre pour tel temps
et prix qu'ils aviseront par ensemble, pourvu que
lesdits marchez ne portent prejudice à la communauté. Et pour cet effet le maistre qui aura fait tel
marché, sera tenu le lendemain le porter ausdits
gardes, pour l'enregistrer sur le papier de ladite
communauté ; et aussi que tel marché n'affranchira
aucunement ledit garçon au prejudice des vrais
aprentifs : et les contrevenans condamnez à cent
livres d'amende, moitié à Nous, et l'autre moitié
ausdits gardes.

Item. Qu'il ne sera permis à aucun maistre ny
compagnon orfèvre de Paris, ny autre, de se mesler
de trafiquer ny vendre aucune besogne d'horlogerie, suivant et conformement à l'arrest de nostre
privé Conseil : à peine de quinze cens livres
d'amende, et de confiscation desdits ouvrages et
marchandises.

Item. Qu'il ne sera permis à aucun maistre Horloger de nostredite ville de Paris, d'achetter ny
faire venir aucun ouvrage neuf d'horlogerie, tant
grosse que menuë, dedans ny dehors nostre Royaume,

---

[1] *Étoffe* se disait de toute matière première.

pour raison que ce soit, attendu qu'il se vend des ouvrages qui sont mal faits : à peine de cent livres d'amende, et confiscation desdits ouvrages.

Item. Que les fils de maistres qui seront obligez à quelqu'autre maistre Horloger pour apprendre ledit art d'Horloger, seront tenus de faire et parfaire ledit temps convenu entre les parties.

Item. Tous mouvemens ayant pignon de roüe, allant par ressorts et contre-poids, seront faits par lesdits maistres Horlogers, attendu que cela depend de leur art. Et pourront aussi lesdits maistres Horlogers avoir forge et fourneau en leur boutique et lieu public, pour fondre et forger tout ce qui depend dudit art.

Ainsi signé : BELON, MARGOTIN, BERNARD, GAMOT, BEAUVAIS, et RAILLARD, avec paraphes.

Veu par nous DREUX DAUBRAY, Conseiller du Roy en ses Conseils et Lieutenant civil, et ESTIENNE BONNEAU, aussi Conseiller du Roy et son Procureur au Chastelet, les statuts et ordonnances de la communauté des maistres Horlogers de Paris, contenant vingt-quatre articles, qu'ils désirent faire confirmer par lettres patentes de Sa Majesté, et à nous renvoyées par Monseigneur le Chancelier.

Nostre avis est, sous le bon plaisir du Roy et de la Reine Regente sa Mère, que tous lesdits articles sont justes et raisonnables, et que Sa Majesté leur en peut accorder la confirmation.

Fait le vingtième mars mil six cens quarante cinq.

Signé : DAUBRAY et BONNEAU.

———

LOUIS, par la grace de Dieu, Roy de France et
de Navarre : A tous presens et à venir, Salut.

Nos chérs et bien-aimez les maistres, gardes, jurez et visiteurs Horlogers de nostre bonne ville de
Paris Nous ont fait remontrer que les Roys nos pre-
decesseurs leurs auroient, en consideration de la
beauté de leur art et commodité que le public en
reçoit, accordé et confirmé plusieurs beaux statuts
et privileges concernans ledit estat et mestier,
esquels ils ont esté maintenus et conservez par
arrest de nostre Cour de Parlement de Paris et de
nostre Conseil. Mais pour ce que, depuis un si long
temps, toutes choses ont changé, et qu'il est necessaire à present de pourvoir à beaucoup de desordres
qui sont arrivez audit art, ausquels les precedens
maistres n'avoient pû pourvoir, les exposans ont
fait entr'eux de nouveaux articles et statuts sur
lesdits anciens, qui ont esté vus et examinez par le
Lieutenant civil au Chastelet, et le Substitut de nostre
Procureur General audit lieu. Lesquels ayant esté
trouvez justes et raisonnables, iceux exposans Nous
ont très-humblement supplié leur en accorder nos
lettres de confirmation sur ce necessaires.

Sçavoir faisons, qu'après avoir fait voir en nostre
Conseil l'arrest dudit Parlement du 7 mars 1644,
lesdits anciens statuts et privileges du mois de juillet audit an 1644, lettres de confirmation d'iceux du
mois de novembre 1572, et arrest de nostre Conseil
du 8 may 1643, ensemble lesdits nouveaux statuts
du premier avril 1645, le tout cy attaché sous le
contre-scel de nostre Chancellerie. De l'avis de la
Reine Regente, nostre très-honorée Dame et Mère,

et de nostre grace speciale, pleine puissance et autorité Royale, Nous avons lesdits nouveaux statuts agréez, confirmez et approuvez, agréons, confirmons et approuvons; voulons et nous plaist qu'ils sortent leur plein et entier effet, et que lesdits exposans et leurs successeurs audit art en jouissent et usent pleinement et perpetuellement, suivant et conformement à iceux, et des arrests de nostredite cour et de nostre conseil, sans qu'ores ny à l'avenir ils y puissent estre troublez et empeschez en quelque sorte et maniere que ce soit.

Si donnons en mandement à nos amez et feaux Conseillers les gens tenans nostre Cour de Parlement de Paris et Cour des Monnoyes, que ces presentes ils fassent registrer, et du contenu en icelles souffrent et laissent jouir les exposans et leurs successeurs audit art, pleinement, paisiblement et perpetuellement, cessant et faisant cesser tous troubles et empêchemens au contraire : Car tel est notre plaisir.

Et afin que ce soit chose ferme et stable à toûjours, Nous avons fait mettre nostre scel à ces presentes, sauf en autre chose nostre droit, et l'autruy en toutes.

Donné à Paris, le vingtième jour de fevrier, l'an de grace mil six cens quarante-six, et de nostre règne le troisième.

Signé, LOUIS. *Et plus bas, signé :* Par le Roy, LA REINE REGENTE SA MÈRE PRESENTE, PHELYPEAUX, et scellé en lacs de soye de cire verte.

IV

BREVET DE LOGEMENT

DANS LA GRANDE GALERIE DU LOUVRE,
ACCORDÉ A HENRY-AUGUSTE BIDAULT,
HORLOGER DU ROI [1].

[1652]

Aujourd'huy, quatorziesme du mois d'aoust mil
six cens cinquante deux, le Roy estant à Pontoise :
sur ce qui a esté representé à Sa Majesté par Henry-
Auguste Bidault, l'un de ses orlogeurs et valets
de chambre, que le feu Roy, de glorieuse memoire,
avoit, par son brevet du dernier decembre mil six
cent quarante-deux, pour les causes et considera-
tions contenues en icelluy, accordé à Claude Bidault
son père, et à luy en survivance l'un de l'autre, le
logement et les boutiques qui en sont separées dans
ses galleries du Louvre qu'avoit et occupoit le
nommé Jean Banquerol, orfèvre; Sa Majesté après
avoir esté advertie du decedz arrivé dudict Bidault
père, voulant faire jouir son fils de l'effect dudict
don, tant en consideration des bons services dudict
deffunct qu'à cause de la capacité et grande experience que ledict Bidault s'est acquize, dont Sa
Maiesté a une entière satisfaction; elle a confirmé
et confirme ledict brevet et en tant que besoin

[1] Voy. ci dessus, p. 142

estoit, seroit de nouveau accordé audict Bidault
fils ledict logement et les boutiques qui en sont
separées dans les galleries du Louvre qu'avoit et occupoit naguerre le dict Bidault père, pour en jouir
par luy aux mesmes privileges, franchises qu'en ont
jouy et jouissent les mesmes et autres artizans qui
remplissent semblables logemens dans lesdites galleries du Louvre; et tout ainsy qu'en a bien et
deument jouy sondict père, mande et ordonne la
ditte Majesté aux surintendant, intendans et con-
troolleurs de ses bastimens de le faire jouir dudict
bastiment, logement et boutiques plainement et
paisiblement, en vertu du present brevet quelle a
signé de sa main et faict contresigner par moy son
conseiller secretaire d'Estat et de ses commandemens.

Ainsi signé : LOUIS.
Et plus bas : DE GUENEGAULT.

V

CONTRAT D'ENGAGEMENT
D'UN ALLOUÉ [1].
[1688]

Par-devant les Conseillers du Roy, nottaires au

---

[1] Bibliothèque nationale, manuscrits, fonds français,
n° 21795, f° 193. — C'est une expédition signée seulement
de deux notaires et délivrée sans doute à la veuve Helot.
Voy. la pièce suivante et ci-dessus, p. 103.

Châtelet de Paris soussignez, fut présent Antoine Gallien, chef de cuisine de madame la marquise de la Vallière, demeurant rue de l'Eschelle, parroisse Saint-Germain de l'Auxerrois. Lequel, pour le proffit faire de Blaise Simon, son beau-frère, aagé de vingt-un ans, qu'il certiffie fidel, l'a par ces présentes obligé en qualité d'aloué, de cejourd'huy jusques et pour trois ans prochains ensuivant finis et accomplis, avec sieur Samuel Helot, maistre Orlogeur à Paris, y demeurant rue et parroisse Saint-André des Arts, à ce présent et acceptant, qui l'a pris et retenu pour son alloué. Et promet pendant ledit temps de luy montrer à travailler à son possible dudit mestier d'Orlogeur, et de tout ce dont il se mesle et entremet en icelluy ; le coucher, nourrir, loger, blanchir et le traitter doucement et humainement comme il appartient.

Ledit Simon s'entretiendra d'habits, linge, hardes, chaussures et autres choses ses nécessités suivant son estat ; servira sondit maistre en ce qu'il luy commandera de licite et honneste ; l'advertira de son dommage s'il vient à sa connoissance ; sans pouvoir s'absenter ny aller ailleurs travailler. Auquel cas d'absence, ledit Gallien promet le chercher et faire chercher par la Ville et banlieue de Paris : pour s'il est trouvé le ramener à sondit maistre, à l'effet de rachever le temps qui restera lors à expirer des présentes. Et en cas qu'il ne le puisse pas ramener, il s'oblige à payer audit Helot, quinze jours après l'absence dudit Simon, en sa demeure ou au porteur des présentes, la somme de cent livres, à peine et pour l'indemniser des services qui luy pourroient estre rendus par ledit Simon. Auquel ledit sieur Helot promet luy payer la dernière desdites trois années en faveur des présentes, la somme de trente-six livres, à peine de tous dépens et dommages et interests. Car ainsi, promettans et obligeans chacun en droit soy, renonceant.

Fait et passé à Paris en l'estude de Boucher, notaire, le seiziesme mars mil six cents quatre vingt huit après midy. Et ont signé, fors ledit Gallien qui a déclaré ne sçavoir escrire ny signer, ainsy qu'il est dit en la minutte des présentes demeurée audit Boucher, notaire.

Boisseau, Boucher.

VI

ALLOUÉ ADMIS A LA MAITRISE

EN RAISON DE SON MARIAGE AVEC UNE VEUVE DE MAITRE [1].

[1689]

Sur ce qui a été représenté au Roy étant en son Conseil, par Catherine Brulefert, veuve de deffunt

---

[1] Même provenance que la pièce précédente. — Dans un grand nombre de corporations, la fille ou la veuve d'un maître épousant un apprenti ou un compagnon les affranchissaient. Cette clause n'existe pas dans les statuts des horlogers, et l'article 6 exigeait le Chef-d'œuvre même des fils de maître. Il faut remarquer, en outre, que Blaise Si-

Samuel Helot, vivant maître horlogeur à **Paris**, faisant cy devant profession de la R. P. R.[1], que ledit Helot, son mary, estant décédé dans l'exercice de la Religion catholique et aprez avoir donné plusieurs marques d'une véritable et sincère conversion, la supliante et ses enfans qui ne subsistoient que du travail dudit Helot, étants privez de ces secours sont sur le point de tomber dans la nécessité, ce qui l'oblige d'écouter les propositions d'un second mariage qui luy sont faites par Blaise Simon, compagnon horlogeur.

Mais comme ce mariage luy deviendroit inutil et même à charge si ledit Simon n'estoit receu à la maîtrise, et qu'il y a quelque difficulté, d'autant que son brevet d'apprentissage, passé par-devant notaires, le seizième mars mil six cents quatre vingt huit, n'est qu[e d'] un simple alloué, et que même il en reste encore dix-huit mois à expirer, elle a recours à Sa Majesté pour luy estre sur ce de grâce pourveu.

A quoy ayant égard, Sa Majesté étant en son Conseil, voulant favorablement traitter ladite Brule-

---

mon, qui se qualifie bravement de « compagnon horlogeur, » n'avait pas même droit au titre d'apprenti : il était alloué seulement (voy. ci-dessus, p. 103), et alloué n'ayant pas fourni le temps qu'il devait à son maître. La requête présentée par la veuve Helot n'aurait donc eu aucune chance de succès si elle ne se fût produite quatre ans après la révocation de l'édit de Nantes, par conséquent à un moment où la plupart des boutiques d'horlogers étaient fermées. Peutêtre aussi, Blaise Simon, par l'intermédiaire de son beaufrère, obtint-il la protection de la marquise de La Vallière.

[1] De la religion prétendue réformée.

fert, en considération de sa conversion, et faciliter son mariage avec ledit Simon.

A ordonné et ordonne qu'il sera receu maître horlogeur en la ville et fauxbourgs de Paris, pour joüir de la maistrise en la manière accoustumée et comme les autres Maîtres de ladite Ville, nonobstant les deffauts de son brevet et qu'il n'ait accomply le temps de son apprentissage, dont Sa Majesté l'a relevé et dispensé, sans tirer à conséquence.

Fait au Conseil d'Estat du Roy, Sa Majesté y estant, tenu à Versailles le septième jour de novembre mil six cents quatre vingts neuf.

Signé COLBERT.

VII

CONTRAT D'APPRENTISSAGE[1]
[1767]

Pardevant les Conseillers du Roy, notaires au Châtelet de Paris soussignés, fut présent : Sieur Pierre-Jean Dupasquier, marchand mercier à Paris, y demeurant ruë Neuve des Petits-Champs, paroisse Saint-Eustache, au nom et comme tuteur ad hoc pour l'effet des présentes, de Jean-Jacques du Pasquier[2], âgé de vingt-trois ans ou environ, son frère, élu à ladite charge par sentence homologa-

[1] Original sur parchemin, appartenant à l'auteur.
[2] *Sic.*

tive de l'avis des parents et amis dudit mineur [1], rendue par monsieur le Lieutenant civil au Châtelet de Paris le jour d'hier; laquelle charge il a acceptée à l'instant par acte étant ensuite de la ditte sentence; l'original de laquelle duement collationné, signé Minard, faisant mention que sa minutte est au registre dudit Minard, Greffier de la chambre civille, a été représenté par ledit sieur comparant : ce fait à lui rendu.

Lequel en saditte qualité a mis en apprentissage ledit Jean-Jacques Dupasquier, son frère, qu'il certiffie fidèle et de bonnes mœurs, pour trois ans, à compter de ce jour, chés et avec sieur Nicolas Vallery, maître horloger à Paris, y demeurant cour du Palais, paroisse Saint-Barthélemy, à ce présent et recevant ledit mineur pour son apprentif. Auquel pendant ledit temps, il promet et s'oblige lui montrer et enseigner son art et profession d'horlogerie en tout ce dont il se mesle, l'instruire en ladite profession sans lui en rien cacher, le nourrir à l'exception des festes et dimanches, le loger, chauffer et éclairer. Et ledit sieur tuteur s'oblige, en sa ditte qualité, de nourrir ledit mineur les fêtes et dimanches, et de l'habiller suivant son état, et de faire blanchir ses gros et menus linges.

Ce fait, en présence dudit apprentif, demeurant actuellement chez sondit maître, lequel a eu ces présentes pour agréable. En conséquence, s'oblige d'apprendre du mieux qu'il lui sera possible tout ce qui lui sera montré et enseigné par sondit maître

---

[1] La minorité durait alors jusqu'à l'âge de vingt-cinq ans.

touchant sa profession, lui obéir en tout ce qu'il lui commandera de licite et honneste, faire son profit, éviter sa perte, l'en avertir si elle venoit à se connoissance; sans pouvoir s'absenter pour aller travailler ailleurs. Au cas d'absence, ledit sieur tuteur s'oblige autant que faire se pourra, de faire chercher sondit frère par toute la ville, fauxbourgs et banlieue de Paris, ou partout ailleurs que besoin sera, pour s'il est retrouvé estre ramené chez ledit sieur son maître pour y parachever le tems qu'il auroit perdu pendant son absence, réparer celui qui resteroit à expirer des présentes; qui sont d'ailleurs faites moyennant la somme de trois cens livres. En déduction de laquelle somme ledit sieur Pierre-Jean Dupasquier en saditte qualité [a] présentement payé audit sieur Vallery, qui le reconnoit, en espèces sonnantes au cours de ce jour, compté, nombré et réellement délivré, à la vue des notaires soussignés, celle de deux cens livres, dont d'autant quittance. Et pour les cent livres restant, ledit sieur tuteur s'oblige en saditte qualité de les payer audit sieur Vallery, en sa demeure à Paris ou au porteur, dans un an de ce jour; au payement de laquelle somme ledit sieur tuteur oblige aussy en saditte qualité tous les biens meubles et immeubles de sondit frère.

Et pour l'exécution des présentes, les parties font élection de domicile en leurs demeures susdites; auxquels lieux, nonobstant, promettant, obligeant, renonçant.

Fait et passé à Paris ez études, l'an mil sept cent

soixante sept, le premier février. Et ont signé la
minutte des présentes demeurée à maître Touri-
not, notaire.

VIII

ÉTAT DE DISTRIBUTION

DES PRÉSENS DE LA CORBEILLE DE MADAME LA DAUPHINE [1].

[1770]

M. l'ambassadeur de l'Empire, *M. le comte de
Mercy*. Une grande boîte quarrée à pans émaillés
en aurore, bordure en vert, avec des médaillons
peints sur toutes les parties.

M. de Durfort, ambassadeur de France a Vienne.
Une paire de boutons de diamans.

M. le comte de Noailles, ambassadeur extraor-
dinaire du Roi pour aller chercher madame la
Dauphine. Une boîte quarrée à pans, fond d'émail
gris et bordures vertes, avec six médaillons à figures.

---

[1] Voy. ci-dessus, p. 160. — « Lorsque Madame la Dauphine eut reçu les sermens, le duc d'Aumont, premier
gentilhomme de la Chambre du Roi en exercice, eut l'honneur de présenter à cette Princesse la clef d'un coffre magni-
fique qu'il avoit fait faire et placer dans l'appartement de
Madame la Dauphine, et rempli d'un grand nombre de
bijoux que Sa Majesté avoit ordonné au duc d'Aumont
d'achetter, et dont cette princesse fit la distribution. »

M. le duc d'Aumont, PREMIER GENTILHOMME DE LA CHAMBRE DU ROI EN EXERCICE. Une montre d'or à répétition, avec garniture et chiffre de diamans au milieu.

M. le duc de Villequier, PREMIER GENTILHOMME DE LA CHAMBRE DU ROI EN SURVIVANCE. Une montre d'or, avec garniture et chiffre de diamans au milieu.

M. le duc de la Vauguyon, GOUVERNEUR DE MONSEIGNEUR LE DAUPHIN. Une boîte d'homme émaillée à tableaux de paysages.

M. le comte de Saint-Florentin. Une boîte à huit pans, à panneaux de Magellan entourée de bas-reliefs en or.

M. le comte de Saulx, CHEVALIER D'HONNEUR DE MADAME LA DAUPHINE. Une boîte ovale, émaillée à tableaux.

M. le comte de Tessé, PREMIER ÉCUYER DE MADAME LA DAUPHINE. Une boîte quarrée à cage, or de Paris, avec une plaque de très-beau lac rouge à fleurs d'or.

M. le marquis de Chauvelin, NOMMÉ PAR LE ROI POUR ALLER COMPLIMENTER MADAME LA DAUPHINE DE SA PART A CHALONS. Une boîte quarrée à pans émaillés en gris, bordure or de couleur, avec un médaillon peint en figures sur le dessus.

M. L'ÉVÊQUE DE LIMOGES, PRÉCEPTEUR DE M. LE DAUPHIN. Une boîte or et acier.

M. L'ÉVÊQUE DE CHARTRES, PREMIER AUMONIER DE MADAME LA DAUPHINE. Une boîte d'or de Paris, forme quarrée à bandes d'or rapportées, émaillée avec guirlandes de fleurs.

M. le marquis de Talaru, PREMIER MAITRE D'HOTEL. Une boîte ovale d'homme, émaillée en fleurs peintes dans des paniers, fond de tableaux.

M. le vicomte de Talaru, PREMIER MAITRE D'HOTEL EN SURVIVANCE. Une boîte d'or ovale, avec médaillons dessus et dessous, peints en camaïeu et entourés de petits médaillons représentant les quatre saisons et des vases.

MENINS DE MONSEIGNEUR LE DAUPHIN.

M. le duc de Saint-Mégrin. Une grande boîte quarrée à pans, émaillée en vert, fond uni poli, avec un médaillon à figures dessus.

M. le prince de Montmorency. Une boîte ovale, émaillée à bandes bleues, vertes et blanches, et petites guirlandes d'or.

M. le comte de Lorges. Une grande boîte ovale, émaillée de différentes couleurs, avec médaillon peint à figures dessus.

M. le comte de Cossé. Une grande boîte ovale, bordure émaillée en bleu, avec un médaillon dessus, et le reste à sujet de fable.

M. le comte de Pons. Une boîte de forme ovale d'or, à tableaux d'émail représentant une moisson.

M. de la Roche-Aymon. Une montre à répétition, à tableaux, avec aiguille et bouton de diamans.

M. de Bourbon-Busset. Une montre à répétition, à tableaux d'émail, avec bouton, aiguilles et cercles de diamans.

M. le marquis de Saint-Hérem. Une montre à répétition, or de couleur, avec cercle, aiguilles et boutons de diamans.

M. le comte de Beaumont. Une montre à répétition, à trophée, or de couleur, bouton, aiguilles et cercle de diamans.

M. le comte de Damas. Une montre à répétition, à trophée, or de couleur, bouton, aiguilles et cercle de diamans

M. le comte de Choiseul. Une petite montre à répétition, émaillée à figures, à bouton, aiguilles et cercle de diamans.

GENTILSHOMMES DE LA MANCHE.

M. le vicomte de Coëtlosquet. Une montre à répétition, à trophée et guirlande de couleur, bouton et aiguilles de diamans.

M. le comte de Luppé. Une montre à répétition, à bouton et aiguilles de diamans.

M. le chevalier de la Billarderie. Une montre à répétition, à bouton et aiguilles de diamans.

M. le chevalier de Villeneuve. Une montre à répétition, à bouton et aiguilles de diamans.

M. le comte de Montault. Une montre à répétition, à trophée d'or, émaillée.

M. le chevalier de Montesquiou. Une montre à répétition, à trophée, en or de couleur, bouton et aiguilles de diamans.

M. le vicomte de Boisgelin. Une montre à répétition, à trophée, émaillée.

M. le comte de Basglion. Une montre à répétition, à trophée, émaillée.

M. le baron de Lieuray. Une montre à répétition, à trophée, émaillée.

M. le chevalier de Monteil. Une montre à répétition, à trophée, émaillée.

SOUS-GOUVERNEURS DE M. LE DAUPHIN.

M. le chevalier de la Ferrière. Une grande boîte ovale, émaillée en vert, bordure en or de couleur, peinte à figures dessus.

M. de Sinetti. Une boîte ovale, émaillée en bleu, bordures et pilastres en colonnes, avec un médaillon peint sur le dessus.

M. de Fougières. Une boîte à trophée, or de couleur, dans des cartels fond matte, bordure émaillée en bleu transparent, avec un médaillon à figures dessus.

M. de Montbel. Une grande boîte ovale, émaillée bleu, avec un médaillon à figures sur le dessus, la batte et le dessous à médaillons, or transparent bordé d'or vert.

SOUS-PRÉCEPTEURS.

M. l'abbé Radonvilliers. Une montre à répétition, à trophée, or de couleur, émaillée.

M. l'abbé Montuejouls. Une montre à répétition, or de couleur, à trophée, émaillée.

M. l'abbé Gaston. Une montre à répétition, or de couleur, à trophée, émaillée.

M. l'abbé Thénime, AUMÔNIER DU ROI. Une montre à répétition, à trophée, or de couleur.

M. l'abbé Auroux, CHAPELAIN. Un flacon d'or ciselé.

M. l'abbé Faure, CLERC DE CHAPELLE. Un porte-crayon sans diamans.

M. Thierry, PREMIER VALET DE CHAMBRE DE M. LE DAUPHIN. Une montre à répétition, émaillée, à sujet de figures, à boutons et aiguilles de diamans.

M. Desmares, PREMIER VALET DE GARDEROBE. Une montre à répétition, gravée, à soleil.

M. Mesnard, SECRÉTAIRE DES COMMANDEMENS DE M. LE DAUPHIN. Une boîte ovale, émaillée en bleu, avec un médaillon peint sur le dessus et bordures en or de couleur, et la batte idem.

M. le marquis Des Granges, MAITRE DES CÉRÉMONIES. Une boîte à huit pans, à tableaux de marine peints en miniature.

INTENDANS DES MENUS.

M. de la Ferté. Une boîte d'homme quarrée, montée en cage, avec six tableaux de Blaremberg.

M. de la Touche. Une grande boîte ovale, émaillée en aurore, peinte en figures dessus, bordures, pilastres et médaillons en or de couleur.

M. Hébert. Une montre à répétition, garnie en diamans.

M. de Fontanieu, INTENDANT DU GARDE-MEUBLE. Une boîte ronde, émaillée en vert, avec un médaillon peint à figures sur le dessus, bordures et pilastres en ornement sur un fond uni poli.

M. Mesnard de Chouzy, CONTROLEUR GÉNÉRAL DE LA MAISON DU ROI. Une boîte émaillée en vert, bordure en jaune, avec un médaillon peint en figures sur le dessus, la batte et le dessous en animaux, fond matte.

M. de Mondragon, ou *M. Loppe*, MAITRE D'HOTEL. Une montre à répétition, à trophée, or de couleur, marquant les jours du mois.

M. de la Source, CONTROLEUR GÉNÉRAL DE LA MAISON DU ROI. Une grande boîte ovale, émaillée de différentes couleurs, avec un médaillon peint en bas-relief, fond rose, la batte à guirlandes fond bleu.

M. Walon, CONTROLEUR DE LA BOUCHE. Une boîte de chasse en baignoire, à rosettes et guirlandes d'or vert.

M. Drouet, COMMIS AU CONTROLE GÉNÉRAL. Un étui et tirebouchon.

M. Guesnard, PREMIER COMMIS DE LA CHAMBRE AUX DENIERS. Une petite écritoire d'or.

M. l'abbé Dargentré. Une boîte ovale, émaillée en bleu lapis, bordure en or de couleur, avec le médaillon représentant l'architecture.

FACULTÉ.

M. de la Sône, PREMIER MÉDECIN. Une montre émaillée à plusieurs figures, bouton, cercle et aiguilles de diamans.

M. de la Saigne, MÉDECIN ORDINAIRE. Une montre à répétition, à trophée.

M. de Chavignac, CHIRURGIEN. Une montre à répétition, à soleil.

M. Martin, APOTHICAIRE. Une montre émaillée à

fleurs et à feuilles vertes, fond d'or et boutons de diamans.

M. Habert, APOTHICAIRE DU ROI. Une montre à répétition, à tableaux, émaillée, bouton, aiguilles et poussoir en diamans.

M. de la Marque, CHIRURGIEN. Une boîte d'or à navette, ornement à feuilles d'or de couleur.

ÉCUYERS.

M. de Saint-Soupleix, pour une boîte perdue dans le voyage de Strasbourg. Une boîte d'or émaillée à fond de tableau et bordures vertes [1].

Au même. Une montre gravée, à étoile, à répétition, bouton et aiguilles de diamans.

M. de Cubières, ÉCUYER DE MONSEIGNEUR LE DAUPHIN. Une montre à répétition en or de couleur.

M. Lançon, ÉCUYER DE MADAME LA DAUPHINE. Une grande boîte d'or ovale, à trophée en or de couleur, gravée en mosaïque, bordure et ornement et feuillages en or de couleur.

M. de Saint-Sauveur, CHEF DE BRIGADE. Une montre à répétition, émaillée en plein, à sujet de figures, bouton et aiguilles de diamans.

EXEMPTS DES GARDES DU CORPS.

M. d'Avrincourt. Une montre à répétition, gravée à trophée, aiguilles de diamans.

---

[1] On lit en marge : « Changée contre celle de M. de Genouilly, écuyer de Madame la Dauphine, par ordre de M. le duc d'Aumont, le 11 janvier 1771. »

M. de Nadaillac. Une montre gravée, à répétition, à paysages, avec aiguilles de diamans.

Huissiers du Roi.

M. de Montqueron. Une montre à répétition, gravée à trophée.

M. de Lugny. Une montre à répétition, gravée à figures, fond matte.

M. Pigrais, HUISSIER DE L'ANTICHAMBRE. Une montre simple, gravée à trophée, or de couleur.

Valets de chambre du Roi.

M. Saugé. Un flacon d'or ciselé.
M. Bourgeois. Un flacon d'or ciselé.
M. Misery, PORTEMANTEAU. Un flacon d'or ciselé.

Garçons de la chambre de madame la Dauphine.

M. Campan. Un étui d'or ciselé.
M. Gentil. Un étui d'or ciselé.
M. Pigrais. Un étui d'or ciselé.
M. Bazin. Une montre d'or unie.

Valets de garderobe.

M. Lanoue. Un étui d'or ciselé.
M. Bergeron. Un étui d'or ciselé.

Maréchaux des logis.

M. Dalainville. Une montre simple, à trophée.
M. Boubert, FOURRIER DES CENT-SUISSES. Un tirebouchon d'or.

PAGES.

M. de Montigny, PREMIER PAGE DE MONSEIGNEUR LE DAUPHIN. Une montre d'or ciselée, à répétition.

QUATRE PAGES DU ROI QUI ONT ÉTÉ AU-DEVANT DE MADAME LA DAUPHINE. Une montre d'or simple à chacun, gravée à trophée.

DEUX GENTILSHOMMES SERVANS QUI ONT ÉTÉ A STRASBOURG. Deux boîtes en baignoire.

M. Fleury, LIEUTENANT DE LA PRÉVOTÉ DE L'HOTEL. Un flacon d'or.

DEUX EXEMPTS DE LA PRÉVOTÉ. Un porte-crayon chacun.

DEUX VALETS DE CHAMBRE TAPISSIERS. *MM. du Formentel* et *Bertheville*. Deux étuis d'or.

PRÉSENS EXTRAORDINAIRES.

M. de Blair, INTENDANT DE STRASBOURG. Une grande boîte ovale, émaillée de plusieurs médaillons peints en bas-relief sur des fonds or couleur.

M. Rouillé d'Orfeuil, INTENDANT DE CHAMPAGNE. Une boîte ovale, avec des tableaux peints par Charlier.

M. de Morfontaine, INTENDANT DE SOISSONS. Une grande boîte ovale, émaillée en bleu, turquoises, rosettes, or de couleur, avec un médaillon peint en bas-relief, à figures dessus.

M. le comte de Bombelle, CAPITAINE AUX GARDES FRANÇOISES. Une grande boîte ronde émaillée en gris, bordures et pilastres émaillés en émeraudes, avec un médaillon à figures dessus.

M. Démonville. Une grande boîte d'homme, ovale, d'or, émaillée fond vert à mosaïque d'or, et médaillons fond lilas à enfans peints en bas-relief.

M. Rebel. Une grande boîte d'or ovale, à trophée d'or de couleur dans des cartels fond matte.

Fin des présens extraordinaires.

Madame la comtesse de Noailles, DAME D'HONNEUR. Une montre à répétition, or de couleur, avec sa chaîne enrichie de diamans.

Madame la duchesse de Villars, DAME D'ATOURS. Une boîte à huit pans, à bandes d'écaille et or, avec trophée d'amours dans le médaillon de dessus, et en fleurs dans celui de dessous, les deux trophées en roses de Hollande de différentes couleurs.'

DAMES DE COMPAGNIE.

Madame la marquise de Duras. Une montre à répétition, or de couleur, avec sa chaîne garnie de diamans.

Madame la duchesse de Beauvilliers. Une boîte ovale, émaillée en bleu, à étoile d'or, médaillon peint en figures sur le dessus.

Madame la duchesse de Boufflers. Une boîte quarrée de femme, de lac, à figures, à cage d'or.

Madame la marquise de Tavannes. Une boîte pour femme, en mosaïque.

Madame la princesse de Chimay. Une boîte de lac noir, montée à pans coupés.

Madame la duchesse de Picquigny. Une boîte de chasse, peinte en miniature, montée à cage d'or.

Madame la comtesse de Valbelle. Une boîte de

lac, à figures de chasse, quarrée, montée à cage d'or.

Madame la comtesse de Grammont. Une boîte ovale, émaillée en aurore, bordure à cage, émaillée en émeraudes, avec un médaillon à figures dessus.

Madame la comtesse de Clermont-Tonnerre. Une boîte ovale, émaillée en jaune, bordure eu bleu, avec un médaillon peint sur le dessus, la batte à animaux dans des cartels fond matte.

Madame la marquise de Talleyrand. Une boîte ronde, émaillée, à bandes de différentes couleurs, bordures et guirlandes d'or.

Madame la marquise de Mailly. Une boîte quarrée à pans, émaillée en gris, parsemée de mouches jaunes, bordure en bleu, avec un médaillon à figures dessus.

Madame la vicomtesse de Choiseul. Une boîte à huit pans, fond d'émail bleu et médaillon, fond d'agathe en bas-relief.

Premières femmes de chambre de Madame la Dauphine.

Mademoiselle Perrin. ⎰ Deux montres d'or à tro-
Mademoiselle Misery. ⎱   phée, avec leurs chaines.

Quatre femmes de chambre de voyage. *Mesdemoiselles Thibault, Nageac, Marchand, et de Massolle.* Un flacon d'or ciselé pour chacune.

Douze femmes de chambre, savoir : *Aux demoiselles Thierry, Campan, Chavignac, Desjardins, d'Hautecourt, de Lorges, Perrin* et *Andrion.* Un porte-crayon d'or à chacune, garni en diamans.

Aux demoiselles l'Échevin, Martin, Desport et *de Vareil.* Un étui d'or ciselé à chacune.

UNE FILLE DE GARDE-ROBE. Un porte-crayon simple.

UNE PORTECHAISE D'AFFAIRE[1]. Un porte-crayon simple.

IX

EXTRAIT

De l'*Instruction sur l'ère de la République et sur la division de l'année, décrétée par la Convention nationale le 4 frimaire*[2].

ART. V. — DES NOUVELLES MONTRES ET HORLOGES.

Perfectionner l'horlogerie, et rendre les productions de cet art utiles et accessibles pour le prix au plus grand nombre des citoyens, c'est ce qui doit résulter de la nouvelle division du jour.

Le problème consiste à diviser le jour de minuit à minuit en dix, en cent, en mille, dix mille ou cent mille parties, selon les besoins.

C'est au génie des artistes à s'exercer pour

[1] Porteuse de la chaise percée.
[2] *Moniteur* du 27 frimaire an II. — Voy. ci-dessus, p. 161.

obtenir ce résultat par les moyens les plus simples, les plus expéditifs, les plus exacts et les plus économiques.

Pour les usages les plus ordinaires on pourrait se contenter d'une montre à une seule aiguille. Pour ceux qui voudront des millièmes ou des cent millièmes de jour, suivant la nature des opérations dont ils chercheront à mesurer la durée, on pourra faire des montres à plusieurs aiguilles.

Jusqu'à présent on n'a pas assez tiré parti des ressources qu'offriraient : 1º un bon système de division du cadran; 2º la forme de l'aiguille qui, au lieu d'indiquer par son extrémité, pourrait indiquer à la fois sur plusieurs cercles concentriques par son côté aligné au centre du cadran; 3º le nombre des tours qu'une aiguille qui serait solitaire pourrait faire dans le jour entier; ce qui fournirait un moyen de sous-diviser sans multiplier les cadrans.

Il importe surtout que les horlogers cherchent le moyen de faire servir à la nouvelle division décimale les anciens mouvements de montres ou de pendules, en y faisant le moins de changéments possibles.

Pour faciliter le passage de la division en vingt-quatre heures à la division nouvelle, on pourrait partager le cadran en deux parties, dont l'une porterait la division en douze heures, et l'autre la division en cinq heures. Une même aiguille à deux branches diamétralement opposées, indiquerait à la fois les deux divisions.

Dans les grandes pendules et dans les horloges,

on peut supprimer la minuterie, agrandir le cadran, en laissant subsister l'ancienne division, et sur l'enture présenter la division nouvelle en cinq heures décimales pour correspondre aux douze heures anciennes. Chaque heure décimale serait divisée en cent minutes; l'aiguille des heures étant droite et posée sur sa tranche, marquerait à la fois l'heure ancienne et l'heure nouvelle.

C'est aux grandes communes à donner l'exemple, et l'on doit attendre de leur patriotisme qu'elles s'empresseront à faire construire des horloges décimales.

Un seul cadran divisé en cent parties marquées de dix en dix, peut servir à donner : 1º la décade dans le tour entier, le jour dans le sixième du tour, l'heure dans un centième de tour par la même aiguille; 2º une seconde aiguille indiquerait la minute, et une troisième indiquerait la seconde décimale sur le même cadran.

X

RÉTABLISSEMENT DU CALENDRIER GRÉGORIEN [1].

Extrait des registres du sénat-conservateur du lundi 22 fructidor an 13.

Le sénat-conservateur, réuni au nombre de

[1] *Moniteur universel* du 23 fructidor an 13. — Voy. ci-dessus, p. 174.

membres prescrit par l'article XC de l'acte des constitutions du 22 frimaire an 8.

Vu le projet de sénatus-consulte rédigé en la forme
prescrite par l'article LVII de l'acte des constitutions
du 16 thermidor an 10.

Après avoir entendu, sur les motifs dudit projet,
les orateurs du gouvernement et le rapport de la
commission spéciale nommée dans la séance du 15
de ce mois, décrète ce qui suit :

Article 1ᵉʳ. A compter du 11 nivôse prochain,
1ᵉʳ janvier 1806, le calendrier grégorien sera mis en
usage dans tout l'Empire français.

Art. 2. Le présent sénatus-consulte sera transmis
par un message à Sa Majesté Impériale.

Les président et secrétaires :

Signé : FRANÇOIS (de Neufchâ-
teau), président, COLAUD et
PORCHER, secrétaires.

Vu et scellé : le chancelier du Sénat, LAPLACE.

INDEX ALPHABÉTIQUE

Blasphémateurs, 62, 63.
Boèce, 25.
Bohourd, 44, 45.
Boileau (Étienne), 7. — *Voy.* Livre des métiers.
Boisgelin (vicomte de), 209.
Boisseau, *notaire*, 201.
Bombelle (comte de), 215.
Bonneau (Ét.), 195.
Bonnetiers, 111.
Boubert, *fourrier des Suisses*, 214.
Bouchel (L.), 106.
Boucher, *notaire*, 201.
Bouchet (Jean), 30.
Boucicaut (maréchal de), 39.
Boucles (faiseurs de), 9.
Boufflers (duchesse de), 216.
Boulangers, 7, 46, 48, 49, 51.
Bourbon-Busset (M. de), 160, 208.
Bourgeois, *valet de chambre du roi*, 214.
Bourgogne, 25.
Bourse (horloge de la), 157.
Boutiques, 83, 150, 182.
Brandons (dimanche des), 44.
— (dimanche avant les), 44.
— (fête des), 6.
Brantôme, 78, 97.
Brasseur, *horloger*, 155.
Brulefert (Catherine), 201 et s.
Bruyant (Jean), 5.
Buffon, 136 à 138.
Bunon, *horloger*, 155.

Cadrans solaires, 2, 11, 136.
Calendrier :
Au moyen âge, 29 et s.
Au seizième siècle, 90 et s.
Républicain, 163 et s., 220.
Calendrier des bergers, 68-69.

Calmet (dom), 10, 11, 27.
Campan, 214, 217.
Cananée (jeudi de la), 38.
Cannes (pommes de), 154.
Canon du Palais-Royal, 137.
Capucines (horloge des), 151.
Carême (dimanches de), 42, 44, 45.
— prenant, 34, 36.
— (saison de), 6.
— (semaines de), 37, 39.
— (temps du), 34, 36, 37.
Carillon (pendules à), 155.
Carmes (couvent des), 63.
Carnavalet (musée), 162.
Caron (André-Charles), 103, 151.
— (Daniel), 103. — *Voy.* Beaumarchais.
Casanova, 136.
Cathédration de saint Pierre, 51.
Catherine de Médicis, 101, 123.
Centenier (dimanche du), 44.
Cerisoles (bataille de), 78.
César (Jules), 29, 91.
Chaine, 20, 77.
Chaire de Saint-Pierre, 51.
Chaise percée, 218.
Champ-Gaillard (le), 68.
Chandeleur (la), 48, 51.
Chandelles de nuit, 28.
— graduées, 27, 54.
Chapeliers, 105.
— de feutre, 8.
Charcutiers, 107.
Charlemagne, 26.
Charles V, 39, 53 à 56, 61, 81, 123.
— VI, 53.
— VIII, 30.
— IX, 83, 101, 123.

13

FIN DE L'INDEX ALPHABÉTIQUE.

TABLE DES ÉCLAIRCISSEMENTS

PARIS. TYP. DE E. PLON, NOURRIT ET Cⁱᵉ, RUE GARANCIÈRE, 8.

www.ingramcontent.com/pod-product-compliance
Lightning Source LLC
Chambersburg PA
CBHW061012280326
41935CB00009B/930